W0035733

Die Autoren:

YANIS VAROUFAKIS, geb. 1961, lehrte als Professor für
Wirtschaftswissenschaften und ökonomische Theorie u.a.
an den Universitäten von Essex, Cambridge, Sydney und
Athen, zuletzt an der Lyndon B. Johnson School of Public
Affairs der Universität in Austin, Texas. Er ist Autor zahl-
reicher Bücher (dt. *Der globale Minotaurus,* München 2012)
und wurde im Januar 2015 zum Finanzminister der griechischen Regierung von Alexis Tsipras ernannt.

STUART HOLLAND, geb. 1940, war als Ökonom Mitglied
des Britischen Unterhauses und Berater u.a. von Harold
Wilson und Jacques Delors. Er lehrt derzeit als Visiting
Professor of Economics and der Universität Coimbra.

JAMES K. GALBRAITH, geb. 1952. Der amerikanische
Ökonom und Autor ist derzeit Professor an der Lyndon B.
Johnson School of Public Affairs der Universität von Aus-
tin, Texas, außerdem Senior Scholar am Levy Economics
Institute des Bard College.

Yanis Varoufakis
Stuart Holland | James Galbraith

BESCHEIDENER VORSCHLAG ZUR LÖSUNG DER EUROKRISE

Aus dem Englischen von Ursel Schäfer

Verlag Antje Kunstmann

© der deutschen Ausgabe: Verlag Antje Kunstmann GmbH,
München 2015
© der Originalfassung: Yanis Varoufakis, Stuart Holland,
James K. Galbraith 2015
Titel der Originalfassung: *A Modest Proposal for Resolving
the Eurozone Crisis*
Umschlaggestaltung: Heidi Sorg und Christof Leistl, München
© Coverfoto: gettyimages
Satz: Schuster & Junge, München
Druck und Bindung: Pustet, Regensburg
ISBN 978-3-95614-051-8

INHALT

VORWORT ZUR DEUTSCHEN AUSGABE

Der »Bescheidene Vorschlag« wurde konzipiert, als sich die weltweite Implosion des Finanzsystems im Jahr 2008 langsam auch in Europa bemerkbar machte, Griechenland in die Insolvenz schickte und die Kettenreaktion in Gang setzte, die sich so katastrophal durch die ganze Eurozone verbreitet hat.

Europas erste Reaktion auf die folgende Panik war Verleugnung. Doch als klar wurde, dass französische und deutsche Banken hohe Risiken durch die griechischen Staatsschulden trugen, wurde aus der Verleugnung ein zynischer Transfer: Unter dem Vorwand, Griechenland retten zu müssen, wurden hohe Verluste aus den Büchern der Banken auf die schwachen Schultern der griechischen Steuerzahler verschoben in dem vollen Bewusstsein, dass die Kosten, weil die griechischen Schultern zu schwach dafür waren, auf Deutschland, die Slowakei, Finnland, Portugal und so weiter überschwappen würden.

Natürlich gab es keine Rettung Griechenlands und keine Solidarität mit den verschwenderischen Griechen. Der griechische Staat erhielt Kredite in Höhe von 240 Milliarden Euro, damit über 200 Milliarden Euro Steuergelder an die Banken und verschiedene Hedgefonds fließen konnten. Diese Milliarden bekam Griechenland unter der Bedingung drastischer Sparauflagen, die die Einkommen der Menschen um ein Viertel reduzierten, wodurch es sowohl für die öffentliche Hand wie für den privaten Sektor in Griechenland unmöglich wurde, ihre alten und neuen Kredite zurückzuzahlen.

Politiker in ganz Europa verkündeten die »Rettung« Griechenlands, während in Wahrheit die Rechnung für die Bankenrettung durch die europäischen Steuerzahler vorbereitet wurde. Als Portugal und Irland, die jeweils in ihrer eigenen fiskalischen Zwangsjacke steckten, wegen Griechenland Kredite aufnehmen mussten, gingen auch sie bankrott. Das Szenario der »Rettung« Griechenlands wiederholte sich, aber wieder ging es nicht um die Portugiesen und die Iren, sondern um die Banken, die durch die portugiesischen und irischen Schulden hohe Risiken in den Büchern hatten. Und so verbreitete sich die Seuche immer weiter, bis sie im Sommer 2012 auch Italien erreichte und beinahe die gesamte Eurozone zu Fall brachte.

Der vielleicht deprimierendste Aspekt des unsinnigen Umgangs mit der unvermeidlichen Eurokrise war das Beharren, der eingeschlagene politische Weg sei »alternativlos«. Und so begann ich, weil ich diesen toxischen Fatalismus nicht hinnehmen wollte, zusammen mit Stuart Holland Anfang 2010 die Ausarbeitung des *Bescheidenen Vorschlags zur Lösung der Eurokrise*. Damit wollten wir zeigen, dass es mindestens eine Alternative gibt, die

a) Europa sehr viel weniger kosten würde, als die »Rettung« Griechenlands zur Vorlage für die Krisenbekämpfung durch die Eurozone zu machen,

b) Europa zu einer schnellen Erholung verhelfen und

c) keine mühsamen Änderungen an den Verträgen erfordern würde.

Wir hegten keine Illusionen, dass die amtierenden Verantwortlichen unseren Vorschlag rasch aufgreifen würden. Unsere Absicht war es einfach, den gefährlichen Mythos zu widerlegen, dass es keine Alternative zu »Weitermachen und Verschleiern« geben sollte, während man gleichzeitig Europa dazu verurteilte, immer tiefer im Strudel aus Schulden und Deflation zu versinken.

Im Sommer 2012 schritt die Europäische Zentralbank unter ihrem Präsidenten Mario Draghi ein und dämpfte mit ein paar »markigen Worten« die grassierende Panik auf den

Anleihemärkten. Doch leider hatte ihre Intervention zur Folge, dass die Panik auf die Realwirtschaft übersprang. Schlagartig wuchsen in der Eurozone die Ängste vor einer Deflation, gleichzeitig stiegen die Verschuldungsquoten als Ergebnis falscher politischer Entscheidungen immer höher. Mittlerweile ist die Eurozone ein Ort großer sozialer Not und ein Herd globaler wirtschaftlicher Instabilität.

Im Jahr 2013 bekam der Bescheidene Vorschlag einen weiteren Anstoß durch die neue Wende der Krise. Inzwischen war James K. Galbraith zu unserem »Team« dazugestoßen, und gemeinsam arbeiteten wir unsere politischen Vorschläge weiter aus mit Blick auf die jüngste Entwicklung der Krise zu einer handfesten Deflationsgefahr. Wir fügten den ursprünglichen drei politischen Strategien eine vierte hinzu, um die humanitäre Notlage anzugehen, die Europa mit seiner fünf Jahre anhaltenden Verleugnung von Natur und Größenordnung der Krise verursacht hatte.

Im Jahr 2014 verkündete die offizielle »Führung« Europas, die Krise sei vorüber. Selbst Griechenland wurde als »Erfolgsgeschichte« gefeiert, nachdem die Statistikexperten festgestellt hatten, dass das Bruttosozialprodukt ein wenig gewachsen war – freilich unterließen sie es, zu erwähnen, dass die »frohe Botschaft« die traurige Tatsache widerspiegelte, dass die Einkommen immer weiter fielen, allerdings langsamer als die Preise (was in makroökonomischer Sicht einfach Ausdruck einer anhaltenden Wirtschaftskrise ist).

Und während die EZB darum rang, Wege zu finden, um die Deflation aufzuhalten, wählte das griechische Volk im Januar 2015 eine neue Regierung mit meiner Wenigkeit als Finanzminister.

Diese Zeilen habe ich an Bord eines Flugzeugs geschrieben, das mich von Berlin zurück nach Athen brachte. In Berlin hatte ich mit deutschen Politikern gesprochen, darunter auch mit dem Finanzminister und dem Vizekanzler dieses großartigen Landes. Bei den Treffen war die ursprüngliche *raison d'être* des Bescheidenen Vorschlags unsichtbar gegenwärtig. »Es gibt keine Alternative«, sagte man mir immer wieder höflich, aber bestimmt. Das Gespenst der Rettung Griechenlands, die die Krankheit in der Eurozone verbreitet und Europa wirtschaftlich in die Knie gezwungen hatte, lag greifbar in der Luft. Die Botschaft meiner Gesprächspartner lautete einhellig: »Man darf die ›Regeln‹ und den Sinn der verordneten Medizin nicht infrage stellen. Es gibt keine Alternativen.«

Der Leser ist eingeladen, die folgenden Seiten leidenschaftslos zu studieren und sich selbst ein Urteil über unsere Einschätzung zu bilden: dass es nicht nur Alternativen gibt, sondern dass sie die einzige Möglichkeit darstellen, wie die Steuerzahler in Deutschland und anderswo das Geld zurückbekommen können, das ihnen unter falschen Vorwänden weggenommen wurde.

Auf dem Weg von meinem Berliner Hotel zum Flughafen fragte mich ein freundlicher Mann mittleren Alters, der mich erkannt hatte, scherzhaft: »Bekomme ich mein Geld zurück?« Ich lächelte und wies ihn auf die verschiedenen Banken hin, bei denen sein Geld gelandet war. Aber ich fügte auch hinzu: »Wenn Sie der Spur des Geldes nicht folgen können und nicht wissen, was daraus geworden ist, werden Sie bald noch viel mehr verlieren. Außerdem wird das Projekt Europa einen schmählichen Tod sterben und dabei Ihrem Land einen schweren Schlag versetzen, das doch den legitimen Wunsch hat, Teil einer prosperierenden europäischen Familie zu sein.«

Erlauben Sie mir, mein Vorwort für die deutschen Leser mit einer dringlichen Frage zu schließen: Gibt es eine rasch verfügbare Alternative zur Tendenz der Eurokrise, die stolzen europäischen Nationen gegeneinander aufzubringen? Meine Antwort ist ein nachdrückliches Ja. Warum ich so optimistisch bin, geht aus den folgenden Seiten hervor.

Yanis Varoufakis, im Januar 2015

EINFÜHRUNG

Obwohl offiziell bereits allenthalben die Überwindung der Eurokrise verkündet wurde, steuert die Eurozone heute auf Zerfall und Zerstörung zu.

Die Europäische Zentralbank (EZB) mag es geschafft haben, die Panik wegen der Staatsverschuldung zu dämpfen, indem sie bankrotten Ländern wie Griechenland und Portugal erlaubt hat, sich auf den Finanzmärkten wieder Geld zu leihen, aber trotzdem ist eine Zehn-Euro-Note, die man auf ein griechisches Bankkonto einzahlt, immer noch weniger wert als derselbe Betrag auf einem spanischen Bankkonto. Und zehn Euro auf einem spanischen Bankkonto sind weniger wert als zehn Euro auf einem deutschen Bankkonto.

Während die Finanzmärkte nach außen hin begeistert verkünden, die Krise gehöre der Vergangenheit an, setzen Mitgliedstaaten wie Italien oder Spanien immer mehr auf die nationalen Banken, um ihre – enormen, wachsenden und untragbaren – Staatsschulden zu refinanzieren. Und diese Banken werden sich immer mehr auf die Mitgliedstaaten stützen müssen, um ihre Geschäftstätigkeit aufrechtzuerhalten (weil immer tiefere schwarze Löcher in ihren Bilanzen klaffen und wegen der sogenannten Bankenunion, die kürzlich errichtet wurde).

In einfachen Worten ausgedrückt heißt dies, dass die tödliche Umarmung zwischen potenziell insolventen Banken und bankrotten Ländern, die der Grund für die Eurokrise war, noch erdrückender wird. Und wenn die aktuelle irrationale Euphorie auf den Finanzmärkten demnächst in einen weiteren Anfall irrationaler Panik umschlägt, werden die Mitgliedstaaten und die Banken der Eurozone viel schlechter dastehen als in den Jahren zuvor, weil die Staatsschulden viel höher sein werden, weil ihre Gesellschaften durch exorbitante Arbeitslosigkeit zerstört und die sozialen Strukturen zerfallen sind.

Vor 2010 lautete die offizielle Position der Europäischen Union und der Regierungen der Mitgliedstaaten, eine existenzielle Eurokrise sei unmöglich. Heute sagen sie das wieder. Doch schon damals waren die Indizien klar, und heute sind sie genauso klar: Auf der Grundlage der bestehenden Institutionen und politischen Strategien kann der Euro keinen Bestand haben. Entweder wird es radikale Veränderungen bei den Institutionen der Eurozone geben (radikal im Vergleich zu den Veränderungen, auf die sich die europäischen Politiker heute einlassen), oder die gemeinsame Währung wird zwangsläufig scheitern, was verheerend für ganz Europa wäre.

Wir müssen rasch handeln, nicht nur weil die Kluft zwischen den Wirtschaftssystemen der Länder im Zentrum Europas und den Ländern an der Peripherie tiefer wird und die Eurozone zu zerstören droht, sondern auch weil – und das wiegt noch schwerer – die durch die Krise verursachten sozialen Probleme immer größer werden. Tatsächlich steht nicht nur die Zukunft der Eurozone auf dem Spiel. Wenn der Euro durch die zentrifugalen Kräfte zerrissen wird, die heute am Werk sind, werden die Folgen seines Zusammenbruchs so schwerwiegend sein und der Aufstieg des Nationalismus so bedrohlich, dass es eine Illusion ist zu glauben, von der EU könnte mehr übrig bleiben als ihre Initialen. Da Europa aktuell ein Drittel der weltweiten Wirtschaftskraft repräsentiert – und die Weltwirtschaft muss sich noch von dem Crash im Jahr 2008 erholen –, sind die Herausforderungen wahrhaft global.

Seit mittlerweile sechs Jahren lamentieren die meisten Kommentatoren darüber, dass die europäischen Politiker unfähig sind, rasch und koordiniert zu handeln. Diese Kritik ist zwar richtig, aber die doppelte Intervention[1] der EZB, die vorübergehend den Zerfall der Eurozone verhindert hat, beweist, dass Europa entschlossen handeln *kann,* wenn es das *will.* Bedauerlicherweise gründen die verantwortlichen Politiker in Europa ihre Entscheidungen weiterhin auf eine irrige Analyse hinsichtlich der Natur der Krise und engen sich damit selbst auf ein falsches Dilemma zwischen extremer Sparpolitik, wie sie heute betrieben wird, auf der einen Seite und dem Übergang zu einem föderalen Europa auf der anderen Seite ein – ein Übergang, der heute politisch unmöglich ist (und vielen auch nicht wünschenswert erscheint).

Als Ausweg aus diesem falschen Dilemma zwischen der aktuellen Situation und dem nicht gangbaren Weg zu einer föderalen Struktur bietet unser Bescheidener Vorschlag Lösungen an, die sofort umgesetzt werden können und die, obwohl sie keinerlei Veränderungen an den bestehenden europäischen Verträgen verlangen, doch die Architektur der Eurozone grundlegend umbauen, die Eurozone zukunftsfähig machen können und auf einer zutreffenderen Einschätzung der aktuellen wirtschaftlichen und gesellschaftlichen Situation Europas gründen.

Die Eurozone leidet an – und steht vor – vier Krisen: der Bankenkrise, der Krise der Staatsschulden, dem Rückgang der Investitionen und einer sozialen Krise, wie es sie bisher noch nicht gegeben hat. Diese vier miteinander verbundenen Krisen sind das Ergebnis von Fehlern in der Architektur der Eurozone, des Crashs von 2008 und natürlich auch einer Reihe unkluger Entscheidungen der politisch Verantwortlichen in Europa seit 2008.

Der Bescheidene Vorschlag stellt den vier Krisen vier politische Strategien gegenüber – eine Strategie für jede Krise, unter der die Eurozone leidet und die die EU in Gefahr bringt. Die wichtigsten Merkmale dieser politischen Strategien sind erstens, dass sie keine neuen Institutionen erfordern, und zweitens, dass sie mit dem bestehenden Rahmen der europäischen Gesetze und Verträge vereinbar sind. Mit anderen Worten: Die Entscheidung für die vier politischen

Strategien, die wir auf den folgenden Seiten präsentieren, erfordert *keine* Revision bestehender Verträge (zum Beispiel keine neuen deutschen Garantien für griechische Anleihen[2]), und deshalb können sie sofort umgesetzt werden. Sie erfordern nur eines, das bedauerlicherweise derzeit fehlt: den politischen Willen der verantwortlichen Politiker in Europa.

Kurz gesagt, beinhaltet unser Vorschlag einen neuen »europäischen New Deal«. Franklin D. Roosevelts New Deal richtete sich 1933 gegen die »Früchte des Zorns« und stabilisierte den amerikanischen Sozialstaat nach dem Crash von 1929. In ähnlicher Weise und auch unter Berücksichtigung der Besonderheiten der aktuellen Situation in Europa würde die Umsetzung des Bescheidenen Vorschlags innerhalb nur weniger Monate echte Fortschritte ermöglichen durch politische Strategien, die genau auf die Struktur der europäischen Institutionen abgestimmt sind.

TEIL I
DIE NATUR DER KRISE IN DER EUROZONE

Die Krise in der Eurozone entfaltet sich auf vier miteinander
verbundenen Feldern.

Bankenkrise

Im Herbst 2008 stand Europa vor einer globalen Bankenkrise, die hauptsächlich durch den Zusammenbruch des amerikanischen Finanzsektors ausgelöst worden war. Bedauerlicherweise unterschätzten die politisch Verantwortlichen in
Europa offenbar das Ausmaß des Crashs sowie die Gefähr-
dung der europäischen Banken und erkannten nicht, dass die
Bankenkrise den Stein für die Auflösung der Eurozone ins
Rollen brachte.

Abgesehen davon, dass sie nicht erkannten, wie gravierend
die Vorgänge waren, sahen sich die politisch Verantwortlichen auch noch mit einem großen Problem konfrontiert, das
ihre amerikanischen, britischen und japanischen Kollegen
nicht hatten: der fehlerhaften Architektur der Eurozone, mit
a) nationalen Regierungen ohne unterstützende Zentralbank
und b) einer gemeinsamen Zentralbank (EZB), ohne dass die
Länder die gemeinsame Geldpolitik in der Eurozone unterstützen konnten, weil es keine gemeinsame Fiskalpolitik gab.

Vor dem Hintergrund dieser irrationalen Architektur der
Wirtschafts- und Währungsunion war es unmöglich, die
Bankenkrise rational zu bekämpfen, nicht zuletzt angesichts
des in nationale Bankensysteme zersplitterten Bankensys-

tems der Eurozone. Die nationalen Banken sollten die schwachen Mitgliedstaaten kontrollieren und retten, die keinen Zugang zu den »Premium«-Dienstleistungen von Zentralbanken hatten (und die EZB besaß weder die Zuständigkeit noch das Recht zu intervenieren).

Sehr bald schon mussten die Länder die privaten Verluste der Banken auf die Schultern der europäischen Steuerzahler abschieben, wodurch sie die öffentliche Verschuldung erhöhten. Länder mit sehr geringen Staatsschulden (wie Irland oder Spanien) gerieten an den Rand des Bankrotts, und die Finanzmärkte ließen die bereits hoch verschuldeten Länder (wie Griechenland) noch tiefer in ihren Schuldenlöchern versacken. Gleichzeitig führte die als Reaktion auf den Anstieg der Staatsschulden (und den Anstieg der Finanzierungskosten) verordnete Sparpolitik den privaten Sektor in eine tiefe Rezession. Für die Banken war das ein weiterer Schlag. In der Folge mussten sich die bereits bankrotten Mitgliedstaaten hohe Geldsummen leihen – ohne substanzielle Unterstützung einer Zentralbank. Am Ende wirkten die bankrotten Banken und die bankrotten Mitgliedstaaten der Eurozone wie ermattete Schwimmer, die sich aneinanderklammern und gemeinsam auf den Grund der rauen See sinken.

Der einzige Weg, diese tödliche Umarmung zu lösen, ist eine sogenannte Bankenunion. Das bedeutet die Überführung aller Bankensysteme der Eurozone in ein gemeinsames Bankensystem mit gemeinsamen Überwachungsmechanismen, einer gemeinsamen Einlagensicherung und einer gemeinsamen Rekapitalisierung im Fall eines Bankrotts. Die offizielle Position der EU lautet, dass man bereits (wenn auch verspätet) eine Bankenunion für alle EU-Staaten beschlossen habe. Wäre das wirklich so, wären wir die Ersten, die das begrüßen würden. Doch die EU hat die Bankenunion nur dem Namen nach geschaffen *in der Absicht, sie niemals in die Praxis umzusetzen.*

Präziser gesagt: Die sogenannte Bankenunion, die beschlossen wurde, ist in Wahrheit nichts anderes als ein Versuch, die Bankensysteme komplett zu renationalisieren in einer Weise, die die tödliche Umarmung zwischen bankrotten Banken und bankrotten Mitgliedstaaten noch verstärkt und in der Folge die Krise der Eurozone ausweitet.[1]

Schuldenkrise

Der plötzliche, katastrophale Liquiditätseinbruch nach dem Crash 2008 (auch bekannt als *Kreditklemme)* setzte eine serielle Schuldenkrise in der Eurozone in Gang, die in Griechenland begann und von dort auf Irland, Portugal und schließlich auf Spanien und Italien übergriff (an dem Punkt musste der Präsident der EZB eingreifen, wie in der Einleitung erklärt wurde).

Was war die Ursache dieser Abfolge von Insolvenzen? Die Antwort ist einfach: Sie hängt mit dem zusammen, was als *Prinzip der perfekt getrennten Staatsschulden* bekannt ist, das Prinzip, auf dem die Europäische Wirtschafts- und Währungsunion (EWWU) gegründet wurde. Mit anderen Worten: Fundament der EWWU ist die prinzipielle Übereinkunft, dass jeder einzelne Euro Schulden in der Eurozone ausschließlich die Sache *des jeweiligen Landes* ist (und deshalb für keinen einzigen Euro gleichzeitig zwei oder mehr Länder geradestehen müssen).

Das ist der Grund, warum es nach dem massiven Liquiditätseinbruch nach dem Crash von 2008 zu der Abfolge von Insolvenzen kam. In Verbindung mit dem Prinzip der perfekt getrennten Staatsschulden »sorgte« die durch den Crash verursachte Panik dafür, dass das am höchsten verschuldete Land (Griechenland) seine Staatsschulden nicht aus eigener Kraft rekapitalisieren konnte. Die Schulden wurden untragbar,

a) wegen der Panik auf den Finanzmärkten, die zum Kollaps der Liquidität führte,

b) wegen der Rezession als Folge des weltweiten Crashs, die natürlich auch Griechenland erfasste (wodurch die griechischen Steuereinnahmen sanken), und

c) wegen der mangelnden Unterstützung der EZB und weil sich Griechenland nicht gemeinsam mit anderen EU-Mitgliedstaaten Geld leihen konnte.

Der Bankrott Griechenlands in der ersten Hälfte des Jahres 2010 verschärfte die Panik auf den Finanzmärkten weiter. Noch mehr Länder gingen bankrott, beginnend mit Irland. Somit war das Prinzip der perfekt getrennten Schulden der Grund, warum die Eurozone keine »Stoßdämpfer« hatte, die die schlimmsten Folgen der weltweiten Krise hätten abfedern können.

Das Prinzip der perfekt getrennten Schulden wirkte nicht nur nicht als »Stoßdämpfer«, sondern verschlimmerte die Stöße sogar noch und schuf die Bedingungen für den »Popcorneffekt«, wie wir es nennen, um den nach unserer Ansicht fälschlich gebrauchten Begriff »Dominoeffekt« zu vermeiden.[2] Das heißt, es waren nicht nur Länder der Peripherie betroffen (wie Griechenland, Irland oder Portugal), sondern auch Länder, die als »tragende Säulen« der EU gelten – wie Spanien, Italien und sogar Frankreich –, standen auf einmal am Rand des Bankrotts.

Diese Entwicklungen machten schmerzhaft klar, dass die gemeinsame Währung zwar wie ein Schutzschild gegen Angriffe auf die nationalen Währungen funktioniert (denn die nationalen Währungen gibt es nicht mehr), das Prinzip der perfekt getrennten Schulden die Mitgliedstaaten der Eurozone aber noch verwundbarer durch spekulative Angriffe macht – Angriffe, die sich nicht gegen ihre Währungen richten, sondern gegen ihre Staatsschulden.

Weil die Serie der Bankrotte immer weiterging, musste die EU (ob sie wollte oder nicht) einen »Rettungs«-Fonds einrichten (er bekam den Namen Europäische Finanzstabilisierungsfazilität, EFSF). Doch, und das ist wichtig, dieser gemeinsame Fonds (der mittlerweile zum Europäischen Stabilisierungsmechanismus, ESM, weiterentwickelt wurde) war so angelegt, dass er das problematische Prinzip der perfekt getrennten Staatsschulden nicht antastet.

Wie kann es gehen, dass auf der einen Seite Überschussländer den Defizitländern Geld leihen und auf der anderen Seite diese Darlehen die Forderung erfüllen, dass für die Rückzahlung jedes einzelnen vom ESM geborgten Euro (der wiederum an Griechenland oder Spanien ausgeliehen werden soll) nur ein einziges Land haftet?

Aus technischer Sicht ist die Antwort komplex. Aber im Grunde ist es ganz einfach: 100 Euro, die der ESM als Darlehen ausreicht (zum Beispiel an Griechenland), setzen sich zusammen aus beispielsweise 35 Euro, die er sich im Namen Deutschlands geliehen hat, 30 Euro im Namen Frankreichs, 20 Euro im Namen Italiens, 15 Euro im Namen Spaniens und so weiter. Deshalb »gehört« jeder einzelne Euro Schulden *nur einem einzigen Land*. Was bedeutet das? In der Praxis bedeutet es, dass Italiens Schulden oder Spaniens Schulden mit jedem neuen Kredit an Griechenland (der eine einseitige Aussetzung von Zahlungen verhindern soll) weiter wachsen. Doch es bedeutet auch, dass (zum Beispiel) die Kreditzinsen für Spanien ebenfalls steigen und darum der spanische Staat einem Bankrott näher kommt. Deshalb sagen wir, dass nicht einmal die Errichtung neuer Institutionen wie etwa des ESM das Schuldenproblem lösen konnte, weil das Prinzip der perfekt getrennten Schulden unangetastet blieb.

Der ESM hat zwar den unmittelbaren Finanzbedarf von Ländern wie Griechenland, Portugal, Spanien oder Irland gedeckt, aber nicht auf eine Weise, die den »Popcorneffekt« und die Abfolge nationaler Bankrotte stoppen konnte. Ein Beweis dafür ist, dass neben kleineren Ländern wie Slowenien und natürlich Zypern auch Italien an den Rand des Bankrotts geriet.

Im Juni 2012 war die gesamte Eurozone nur wenige Schritte vom Kollaps entfernt. Der Präsident der EZB sprach verharmlosend von einem »Konvertibilitätsrisiko«[3] und kündigte an, »die EZB ist bereit, alles Notwendige zu tun, um den Euro zu erhalten«. Er versicherte Europa, »es wird genug sein«. Was würde genug sein? Gemeint war das Anleihekaufprogramm OMT (Outright Monetary Transactions), das offiziell wenige Wochen später verkündet wurde, im Spätsommer 2012.

Das in Anmerkung 1 zur Einführung erwähnte OMT-Programm war ein Versprechen (oder vielmehr eine Drohung) an die Finanzmärkte, dass die EZB notfalls so viele Euros wie nötig »drucken« würde, um Anleihen bestimmter Mitgliedstaaten (insbesondere von Italien und Spanien) zu kaufen, falls der Wert der Anleihen unter eine bestimmte Schwelle fallen sollte (oder wenn die Kreditzinsen für die betreffenden Länder eine bestimmte Schwelle überschreiten sollten).

Das Problem beim OMT-Programm war, dass die EZB die Zustimmung Deutschlands durch die Zusicherung erkaufte, dass die Anleihekäufe nur für Länder durchgeführt werden sollten, die

a) sich auf den Finanzmärkten immer noch Geld leihen können (das heißt, die sich nicht in der Situation von Ländern wie Griechenland und Portugal zum Zeitpunkt der Ankündigung befinden) und

b) dass sie ein Memorandum[4] ähnlich dem für Griechenland, Portugal und Spanien vereinbarten akzeptieren würden (hätte eine italienische oder spanische Regierung ein solches Memorandum akzeptiert, wäre sie darüber gestürzt).

Obwohl beide Bedingungen schwerlich gleichzeitig erreicht werden können, genügte allein die Ankündigung der Absicht, dass die EZB unbegrenzt Anleihen aufkaufen werde, um die Anleihemärkte zu beruhigen. In Verbindung mit der Angst vor einer negativen Inflation in der Eurozone (die die Nach-frage nach Anleihen mit einer nominell positiven Verzinsung in die Höhe treiben würde) verminderte sie die Kreditkosten für die Mitgliedstaaten der Eurozone beträchtlich. Und all das geschah, ohne dass die EZB eine einzige Anleihe aufkau-fen musste!

Trotzdem ist ein solches Programm als langfristige Lö-sung für die Krise nicht geeignet. Die EZB kann den Märk-ten nicht für alle Zeit mit dem OMT-Programm und der Aussicht drohen, die Kreditzinsen für Mitgliedstaaten und Unternehmen zu senken, ohne irgendwann wirklich Anlei-hen zu kaufen. Wenn es nötig wird, Anleihen zu kaufen, nachdem die Märkte die Phase der Beruhigung hinter sich gelassen haben und wieder nervös werden, wird Deutschland versuchen, die Käufe zu stoppen; das wird erneut Panik verur-sachen und die Kreditzinsen für die Länder der Peripherie wieder in die Höhe treiben. Selbst wenn Letzteres nicht ein-treten sollte, werden Länder wie Italien und Spanien eine neue Schuldenkrise erleben, weil sie 4 Prozent Zinsen zahlen, ihr Wachstum, in Euro gemessen, aber stagniert oder zurück-geht und die Inflation entweder zu niedrig oder negativ ist.

Die Schlussfolgerung lautet, dass keine der neuen EU-In-stitutionen (wie der ESM) wirklich effektiv Abhilfe bei der Schuldenkrise schafft. Und das einzige Programm, das bisher funktioniert hat (das OMT-Programm), kann wegen des Konzepts, das ihm zugrunde liegt, nicht dauerhaft sein.

Investitionskrise

Neben der Bankenkrise und den untragbar hohen Staats-schulden mehrerer EU-Mitgliedstaaten ist das große Pro-blem, das sich in der Zukunft als ein gigantisches erweisen wird, die Investitionsschwäche auf europäischer Ebene. Weil die Investitionen fehlen, gerät langfristig die internationale

Wettbewerbsfähigkeit Europas in Gefahr, und das verstärkt auf Dauer die Ungleichheiten (insbesondere in der Handelsbilanz) innerhalb Europas, zwischen Überschussländern und Defizitländern.

Der Verlust der Wettbewerbsfähigkeit Europas hängt mit den internen Ungleichgewichten Europas zusammen, und beide werden wiederum durch den Mangel an Investitionen verstärkt. Schon vor dem Crash von 2008 wuchs die Produktivität selbst in Ländern wie Deutschland zu langsam, während die großen Regionen Europas (Nord- und Süditalien, West- und Ostdeutschland, Nordfrankreich, Katalonien, Nord- und Südgriechenland und so weiter) bei der Wettbewerbsfähigkeit, den Investitionen und Lohnstückkosten immer weiter auseinanderdrifteten.

Die Einführung der gemeinsamen Währung machte es möglich, dass diese Ungleichgewichte wegen der massiven Kapitalflüsse von den Überschussländern zu den Defizitländern lange Zeit unsichtbar blieben. Die Kapitalflüsse hatten einen einfachen Grund: In den Defizitregionen oder -ländern waren die Kreditzinsen höher (weil das Geldangebot knapp und dementsprechend der »Preis« des Geldes, der Zinssatz, höher war). Diese Differenz bei den Zinssätzen (die Spannen im privaten und öffentlichen Sektor zwischen Überschussländern und Defizitländern der Eurozone) zog wie ein Magnet das Kapital aus den Überflussländern an, die in den Defizitländern höheren Zinssätzen und Renditen »hinterherjagten«. Die gemeinsame Währung förderte diese Kapitalflüsse noch zusätzlich, weil die Geldgeber keine Angst vor einer Abwertung der griechischen oder spanischen Währung haben mussten.[5]

Das ganze Kapital floss in die defizitären Teile der Eurozone und erzeugte dort Spekulationsblasen (auf dem Immobilienmarkt, bei Anleihen, Autos und so weiter). Dadurch hatte es den Anschein, als gäbe es in diesen Bereichen starkes Wachstum (ein Eindruck, der natürlich falsch war, weil das

Wachstum mit geliehenem Geld finanziert wurde), und scheinbar schlossen sich die »Löcher« in den öffentlichen und privaten Haushalten. Auf diese Weise schafften es die Länder, ihre Zahlungsbilanzdefizite zu decken. Als jedoch die Schuldenkrise ausbrach, kamen die Löcher in der Zahlungsbilanz wieder zum Vorschein, weil die Kapitalflüsse aus den Überschussregionen in die Defizitregionen versiegten. In der Folge platzten in den Defizitregionen und -ländern die Spekulationsblasen, und die Aktienmärkte brachen ein – und mit ihnen ganze Wirtschaftssektoren und natürlich auch die Kreditwürdigkeit der betroffenen Länder.

Mit jedem EU-Mitgliedstaat, der bankrottging, geriet ein weiterer näher an den Abgrund. Das Ergebnis war eine Kettenreaktion, die die Eurozone in einen Abwärtsstrudel führte. Da die EU den Fehler beging, die Krise nicht als eine systemische zu begreifen (stattdessen bestand sie darauf, man habe es mit verschiedenen einzelnen Krisen zu tun: der griechischen Krise, der irischen Krise und so weiter), verfiel sie schließlich auf die »Lösung«, Kredite zu den Bedingungen eines unerträglichen Spardiktats und drastischer Einschnitte für die Länder mit den größten Defiziten zu vergeben. Damit belasteten die Anpassungskosten letztlich die am wenigsten wettbewerbsfähigen Regionen der Eurozone noch mehr – genau die Regionen mit den größten Haushaltsdefiziten.

Als Folge davon erlebten die Regionen, die am dringendsten produktive Investitionen gebraucht hätten, die größten Einbrüche bei Investitionen, weil die Investoren die Defizitregionen sowieso fallen ließen und gleichzeitig das Spardiktat der Nachfrage nach Gütern den finalen Schlag versetzte. In dieser Situation konnten die Defizitländer ihre Währungen nicht abwerten (was ihre Wettbewerbsfähigkeit verbessert hätte), und es gab weit und breit keine politische Strategie, um die Investitionstätigkeit wieder zu beleben (denn die Überschussländer fuhren ihre Ausgaben ebenfalls zurück). Das Ergebnis war eine sich selbst verstärkende Abwärtsspirale, wobei die »fragilsten« Länder der Peripherie nacheinander vom Einbruch der Investitionen und von der Kapitalflucht betroffen waren.

Ergebnis dieser negativen Dynamik war eine doppelte Investitionskrise in der Eurozone: eine durch die geringe Investitionstätigkeit verschärfte Rezession in der gesamten Eurozone und weiter wachsende Ungleichgewichte zwischen Überschussländern und Defizitländern.

Soziale Krise

Die Kombination aus

*   verlorenem Vertrauen in die Banken,
*   gleichzeitigem Einbruch der öffentlichen und privaten Ausgaben, was zu Rückgängen bei BIP, Investitionen und Beschäftigung führte,
*   neuen Steuern, um die untragbaren Staatsschulden zurückzuzahlen,
*   dem Austrocknen von Investitionen und
*   der Tatsache, dass all dies die Länder der Peripherie mit den höchsten Schulden traf, während die Kluft bei den Investitionen zwischen den Überschussländern und den Defizitländern an der Peripherie immer größer wurde,

führte zu einer sozialen Krise unerhörten Ausmaßes, die zuerst die verwundbaren Länder in der Peripherie zu spüren bekamen (zum Beispiel Griechenland, Portugal, Irland), dann aber auch die arbeitenden Schichten in Überschussländern wie Deutschland (wo die Quote der »working poor«, der Menschen, die von ihrem Lohn nicht leben können, in die Höhe geschossen ist).

Die strikte Sparpolitik der letzten vier Jahre und eine Rezession, die sich selbst nährt, haben von den Europäern ihren

Tribut gefordert. Von Athen bis Dublin und von Lissabon bis Nikosia haben Millionen Europäer nicht nur den Zugang zu Waren des Grundbedarfs verloren, sondern auch die Möglichkeit, ein Leben in Würde zu führen:

- Arbeitslosigkeit grassiert.
- Einstmals »gute« Jobs werden durch prekäre, schlecht bezahlte Arbeitsverhältnisse ersetzt.
- Die Zahl der Obdachlosen und Hungernden steigt.
- In vielen Ländern wurden die Renten gekürzt, während die Abgaben auf notwendige Waren und Dienstleistungen immer weiter steigen.
- Die Gesundheitsversorgung verschlechtert sich, die Menschen erhalten weniger Leistungen, müssen aber mehr dafür bezahlen und erleben, wie ihre Rücklagen schwinden.

Zum ersten Mal innerhalb von zwei Generationen stellen die Europäer das europäische Projekt infrage. Sehr zahlreich geben sie in den Eurobarometer-Umfragen (die von der EU selbst durchgeführt werden) zu Protokoll, dass sie den europäischen Institutionen nicht trauen. Nichts bedroht den Fortbestand der EU mehr als der stetig wachsende Zweifel der Europäer, ob die EU funktionsfähig ist und ob sie gute Absichten hegt.

Als Konsequenz aus dem Versagen der europäischen Politiker und der europäischen Institutionen, der Krise rational zu begegnen – insbesondere der sozialen Krise –, erlebt der Nationalismus eine »Blüte«, die oft sogar im Vormarsch von Neonazi-Parteien ihren Ausdruck findet. Wenn Europa nicht rasch und geeint handelt, um die soziale Krise zu bekämpfen, die es mit seiner Politik erzeugt hat, werden die Europäer die EU bald als den Feind betrachten und den Nationalismus als die einzige mögliche Alternative. Das muss verhindert werden. Sofort.

TEIL II
VIER UNUMGÄNGLICHE
POLITISCHE VORGABEN

Damit eine Lösung für die Krise in der Eurozone realistisch und praktikabel ist, müssen wir die Ziele identifizieren, dazu die politischen und institutionellen Vorgaben, unter denen wir operieren müssen, und die Mittel, um diese Ziele zu erreichen.

ZIELE: Das Anliegen ist es, die Krise zu beherrschen, die sich gegenwärtig ungehindert in allen vier (oben genannten) Bereichen gleichzeitig immer weiter zuspitzt: Bankenkrise, Staatsverschuldung, Investitionskrise, soziale Krise.

VORGABEN: Die Europäische Union ist auf Gedeih und Verderb dem historischen Prozess ausgeliefert, als dessen Ergebnis sie entstanden ist. Die Lösung der Krise kann nicht im Widerspruch zu den Verträgen und Postulaten stehen, die Berlin, Paris, Brüssel und der Europäischen Zentralbank heilig sind und die zusammengenommen den »Gründungsvertrag« der Europäischen Union darstellen. Das bedeutet nicht, dass wir, die Autoren, diese Postulate klug finden. Dennoch sind wir der Meinung, dass man sie als gegeben ansehen und die vorgeschlagene Lösung innerhalb der bestehenden EU-Institutionen umzusetzen sein sollte. Im Hinblick auf das oben Gesagte gehen wir davon aus, dass die politischen Strategien zur Bekämpfung der Krise vier Vorgaben berücksichtigen müssen:

Vorgabe 1 – Für Schulden eines Mitgliedstaats stehen andere Mitgliedstaaten nicht gerade.

Deutschland hat vor der Zustimmung zur Errichtung der Eurozone verlangt – und das wurde auch in den Vertrag von Maastricht aufgenommen –, dass alle Mitglieder das *Prinzip der komplett getrennten Staatsschulden* akzeptieren, wie wir (in Teil I) das Verbot der Finanzierung griechischer oder portugiesischer Schulden mit Geld oder Bürgschaften der deutschen oder holländischen öffentlichen Hand genannt haben. Dieses Prinzip ist auch als »No-Bailout-Klausel« oder »keine Transferunion« bekannt. Selbst als beschlossen wurde, den Defizitländern über eine neue Institution, den später so genannten Europäischen Stabilitätsmechanismus (ESM), hohe Kredite zur Verfügung zu stellen, erfolgte das so, dass auf keinen Fall »gemeinsame europäische Schulden« entstehen konnten. Berlin versucht (seit Sommer 2012), diesen Mechanismus schrittweise abzuschaffen, weil er Elemente von Transferzahlungen enthält, die Deutschland auf keinen Fall dulden will. Unabhängig davon, was wir persönlich vom Prinzip der perfekt getrennten Schulden halten, sind wir der Meinung, dass die Lösung der Krise dieses Prinzip respektieren muss, allein schon aus dem Grund, dass Berlin der vorgeschlagenen Lösung sonst nicht zustimmen wird. Wir denken, anders ausgedrückt, wenn eine Lösung verlangen würde, das Prinzip der komplett getrennten Schulden eines jeden Landes zu verletzen, würde Berlin lieber den Euro aufgeben als diese Lösung der Eurokrise akzeptieren.

Vorgabe 2 – Die Europäische Zentralbank (EZB) finanziert die Schulden von Mitgliedstaaten nicht.

Das Statut der EZB enthält, wiederum auf deutschen Druck, das Verbot, die Schulden oder den Haushalt eines Mitgliedstaats in irgendeiner Weise zu finanzieren. Mit anderen Worten: Die EZB darf nicht für die Schulden von Mitgliedstaaten bürgen, darf keine Anleihen von Mitgliedstaaten auf dem Primärmarkt für Anleihen kaufen und darf auch dem ESM kein Geld leihen, das der wiederum den Mitgliedstaaten leihen könnte. Als im Sommer 2012 der EZB-Präsident das Anleihekaufprogramm ankündigte, das wir weiter oben im Detail erläutert haben – als Maßnahme der EZB, um den Zusammenbruch des Euro zu verhindern –, war klar, dass dieses Programm für erhebliches Rumoren in der deutschen Politik sorgen würde, weil die »Gefahr« bestand, dass die EZB unbegrenzt Staatsanleihen erwerben würde (allerdings auf dem Zweitmarkt). Konkret unterstützte der Chef der Deutschen Bundesbank in einem Verfahren vor dem Bundesverfassungsgericht die Position der Beschwerdeführer gegen das Anleihekaufprogramm (das Verfassungsgericht wiederum reichte die Angelegenheit an den Europäischen Gerichtshof weiter). Das wirtschaftliche und politische Establishment in Deutschland toleriert das OMT-Programm bisher nur aus einem einzigen Grund: weil die EZB im Rahmen dieses Programms noch keine Staatsanleihen gekauft hat. Bisher hat die Drohung ausgereicht, dass die EZB Staatsanleihen kaufen könnte, um die Zinsen für Länder wie Italien und Spanien zu drücken. Doch Deutschlands Widerstand gegen das OMT-Programm zeigt, dass es nicht Bestandteil einer dauerhaften, nachhaltigen Lösung für die Eurokrise sein kann, dass die EZB Staatsanleihen kauft. Deshalb sind wir der Meinung, dass wir diese zweite Auflage akzeptieren müssen: Die EZB darf die Schulden von Mitgliedstaaten nicht finanzieren.

Vorgabe 3 – Es wird keine Eurobonds geben und keine Organisation, die gemeinsame Anleihen ausgibt, für die alle Staaten der Eurozone haften.

Wenn die letzten vier Jahre Krise uns etwas gelehrt haben, dann dass die Überschussländer die Ausgabe von Eurobonds zur Erleichterung der Verschuldung von defizitären Mitgliedstaaten nicht akzeptieren werden. Die Defizitländer wiederum werden alle Forderungen zurückweisen, die ihre Souveränität antasten, wenn die Überschussländer Transferzahlungen und Eurobonds nicht akzeptieren. In dieser Frage geben wir Deutschland recht, was manche Leser überraschen mag: Ohne ein föderales System, ein föderales Finanzministerium und ein föderales Steuersystem werden Eurobonds nicht funktionieren. Solange die Eurozone keine föderale Struktur hat, wird ein Eurobond (das heißt eine Anleihe, die zum Beispiel gemeinsam vom deutschen und griechischen Staat ausgegeben wird) einen Zinssatz haben, der zwischen den Zinsen für Deutschland und Griechenland liegt. Dieser Zinssatz wäre für Deutschland zu hoch und für Griechenland nicht niedrig genug. Aus diesem Grund denken wir, dass wir auch die dritte Vorgabe hinnehmen sollten.

Vorgabe 4 – Ohne eine Lösung für die Krise der Eurozone wird es keine föderale Struktur in der Eurozone geben.

Im vorigen Abschnitt war bereits die Rede davon, dass Eurobonds und eine Fiskalunion der Länder der Eurozone nicht empfehlenswert sind, solange eine wirklich föderale Eurozone nicht existiert. Trotzdem ist es nicht angeraten, heute über die föderale Struktur als Mittel zur Lösung der Eurokrise zu diskutieren. Die Krise entwickelt sich viel schneller als jedes politische Projekt für einen Bundesstaat. Überdies denken wir, dass die Eurokrise zentrifugale Kräfte in Bewegung gesetzt hat, die uns immer weiter von einer föderalen Struktur entfernen. Als Folge der Krise wollen die meisten Europäer »weniger (und nicht mehr) Europa«. Würde mitten in der Krise jemand versuchen, ein Verfahren zur Revision der Verträge auf den Weg zu bringen, um die Einrichtung eines föderalen Finanzministeriums oder einer föderalen Wirtschaftspolitik zu ermöglichen, wären die Reaktionen der Wähler absolut negativ, und die Abstimmung darüber würde mit einem schallenden NEIN enden. Kurzum, wir brauchen heute einen politischen Entwurf, der sofort umsetzbar ist (im Rahmen der bestehenden EU-Verträge und ohne den Versuch, neue föderale Institutionen zu schaffen) und die Krise in der Eurozone sofort beendet. Wenn die Europäer nach der Überwindung der Krise den Weg zu einem föderalen Europa einschlagen wollen, ist das ein anderes Thema. Die Errichtung einer föderalen Struktur mit dem Ziel, die bestehende Krise zu lösen, ist kontraproduktiv und sollte nicht verfolgt werden.

Die Frage, die sich uns stellt, lautet darum folgendermaßen: Gibt es geeignete politische Strategien oder Maßnahmen, um die vier Elemente der Krise in der Eurozone (die Bankenkrise, die Schuldenkrise, die Investitionskrise und die soziale Krise) gleichzeitig zu bekämpfen, ohne gegen die vier Vorgaben zu verstoßen, die wir erwähnt haben? Unsere Antwort ist: Ja, es gibt sie. Diese politischen Strategien – vier an der Zahl – werden im nächsten Teil präsentiert und sind unser Bescheidener Vorschlag zur Lösung der Eurokrise.

TEIL III
DER BESCHEIDENE VORSCHLAG

Vier Krisen, vier politische Strategien

Der Bescheidene Vorschlag sieht keine neuen EU-Institutionen vor und verletzt die bestehenden Verträge nicht. Die vier Strategien, die wir vorschlagen, bleiben im Rahmen des Wortlauts der europäischen Gesetze, weshalb eine Revision der Verträge nicht nötig ist – sie wäre sehr zeitaufwendig, politisch gefährlich und kontraproduktiv. Mit anderen Worten: Wir schlagen eine Reihe von Veränderungen an den bestehenden europäischen Institutionen vor, die zwar im Einklang mit der aktuellen europäischen Gesetzgebung stehen, aber trotzdem die Architektur der Eurozone so verändern werden, dass sie zukunftsfähig ist und die Eurokrise wirksam bekämpfen kann. Die Veränderungsvorschläge betreffen die folgenden europäischen Institutionen:

- die Europäische Zentralbank (EZB)
- die Europäische Investitionsbank (EIB)
- den Europäischen Investitionsfonds (EIF)
- den Europäischen Stabilitätsmechanismus (ESM)

Strategie 1: Ein Fall-zu-Fall-Programm für die Banken (FFPB)

Als wir weiter oben die europäische Bankenkrise behandelt haben, haben wir gesagt, »die sogenannte Bankenunion, die beschlossen wurde, ist in Wahrheit nichts anderes als ein Versuch, die Bankensysteme vollständig zu renationalisieren in einer Weise, die die tödliche Umarmung zwischen bankrotten Banken und bankrotten Mitgliedstaaten noch verstärkt und in der Folge die Krise in der Eurozone ausweitet«.

Die Frage lautet: Warum reagiert die Europäische Union so?

Die Antwort ist einfach: Deutschland und die übrigen Überschussländer fürchten (zu Recht), dass eine echte Bankenunion die wahre Größenordnung der Verluste bei den Banken der Peripherie ans Licht bringen könnte, die nach den Regeln der gegenwärtigen Bankenunion verborgen bleiben. Oder um es anders auszudrücken: Berlin fürchtet, dass eine »Föderalisierung« der Verluste aller Banken in der Eurozone bedeuten könnte, dass Deutschland aufgefordert würde, »schwarze Löcher« von über 1 Billion Euro zu stopfen – schwarze Löcher, die die Regierungen von Italien, Spanien, Griechenland und so weiter verborgen halten, weil sie wissen, dass sie selbst dafür geradestehen müssten, wenn sie aufgedeckt würden.

Deshalb hat Deutschland eine sogenannte Bankenunion durchgesetzt – ein neues Regime, unter dem einerseits die EZB alle systemrelevanten Banken der Eurozone überwacht, während anderseits die Mitgliedstaaten für garantierte Einlagen bürgen (ohne wirtschaftlich dazu in der Lage zu sein); sie bleiben für die Rekapitalisierung verantwortlich (die sie in Anbetracht ihrer desolaten fiskalischen Situation aber nicht leisten können). Deshalb vertreten wir die Auffassung, dass die vereinbarte Bankenunion im Kampf gegen die Krise der Eurozone kontraproduktiv ist.[1]

Gibt es eine Möglichkeit, wie Deutschland die Angst überwinden könnte, dass es die schwarzen Löcher der Banken in den Peripherieländern stopfen muss, und zugleich die tödliche Umarmung zwischen den Ländern und den Banken aufzulösen? Unsere Antwort ist der folgende Vorschlag, wie das unverzüglich und ohne Veränderungen an den europäischen Verträgen erreicht werden könnte.

ERSTE STRATEGIE: *Wenn die Kontrollmechanismen der EZB feststellen, dass eine Bank in der Eurozone unterfinanziert ist, kann der Mitgliedstaat, in dem die Bank ihren Sitz hat, um die sofortige Rekapitalisierung der Bank aus dem ESM bitten, indem er die Bank an den ESM und die EZB verweist (und seine eigene Kontrollverantwortung für diese bestimmte Bank niederlegt). In diesem Fall bekommt der ESM Anteile an der fraglichen Bank (entsprechend der Höhe der erforderlichen Kapitalspritze), und die EZB ernennt einen neuen Verwaltungsrat mit Mitgliedern, die in keinem anderen Verwaltungsrat einer Bank in dem betreffenden Land sitzen. Außerdem wird die EZB die Bücher der Bank gründlich prüfen, um Not leidende Kredite zu bereinigen und einen Weg zur Sanierung der Bank vorzuschlagen. Innerhalb eines Jahres verkauft der ESM die Anteile, die er erhalten hat, und deckt damit seine Aufwendungen; weder ein deutscher Steuerzahler noch ein Steuerzahler eines anderen Landes wird einen (auch noch so kleinen) Teil der Verluste tragen müssen, und die Mitgliedstaaten werden durch die Bank nicht mit neuen Schulden belastet.*

Mit dieser Strategie erreicht man Folgendes: Sie löst die tödliche Umarmung zwischen Ländern und Banken auf, führt zu einer schrittweisen »Europäisierung« problematischer Banken und garantiert, dass weder die Defizit- noch die Überschussländer der Eurozone zu irgendeinem Zeitpunkt hohe Lasten schultern müssen.

Jeder, der glaubt, die Eurozone müsse irgendwann zu einer einheitlichen Bankenzone mit einer einzigen Geldschöpfungsinstanz werden, wird verstehen, dass a) die kürzlich vereinbarte Bankenunion kein Schritt in diese Richtung ist und dass b) die soeben skizzierte politische Strategie ein Verfahren darstellt, das allmählich zu einer echten Bankenunion führt, ohne vollmundige Ankündigungen und ohne jegliche Veränderungen an Verträgen. Erforderlich ist lediglich:

- dass die nationalen Regierungen die Option bekommen, auf ihr Recht zur Rettung strauchelnder Banken zu verzichten (wenn sie nicht die nötigen Ressourcen dafür haben) und es auf die EZB und den ESM zu übertragen,
- dass der ESM das Recht bekommt, Anteile in Höhe der Kapitalspritze zu erhalten, die zur Rettung der betreffenden Bank nötig war (sodass das Geld der rekapitalisierten Bank nicht als Neuverschuldung in dem Land zu Buche schlägt, in dem die Bank ihren Sitz hat), und
- dass die EZB das Recht bekommt, den (Regierungen der) Mitgliedstaaten einen neuen Verwaltungsrat für die Bank vorzuschlagen, die sie rekapalisiert und restrukturiert.

Für Strategie 1 ist nur die Zustimmung der Eurogruppe erforderlich. Sie kann heute umgesetzt werden, ohne dass eine Bankenunion (eine echte oder unechte, wie wir sie heute haben) oder Veränderungen an den Verträgen nötig wären. Außerdem werden die Erfahrungen, die die EZB und der ESM durch das Fall-zu-Fall-Verfahren sammeln, die Struktur einer künftigen echten Bankenunion verfeinern helfen, die man schaffen kann, wenn die aktuelle Krise abebbt.

Strategie 2: Ein begrenztes Umschuldungsprogramm (BUP)

Die erste Strategie löst die Bankenkrise und lindert den fiskalischen Druck auf die Mitgliedstaaten der Peripherie ganz erheblich. Doch sie hilft nicht bei dem langfristigen Problem der Verschuldung der Mitgliedstaaten, die keine Unterstützung von einer Zentralbank bekommen (weil die EZB sie nicht unterstützen darf). Die zweite Strategie bietet eine Lösung für dieses strukturelle Problem der Eurozone, und zwar auf eine Weise, die mit den zuvor erwähnten vier Vorgaben im Einklang steht.

Der Vertrag von Maastricht aus dem Jahr 1992 und der Stabilitäts- und Wachstumspakt von 1997 begrenzen die Staatsverschuldung eines jeden Mitgliedstaats auf 60 Prozent seines Bruttoinlandsprodukts. Seit der Krise von 2008 haben die meisten Länder der Eurozone diese Marke gerissen und sich den Zorn Berlins zugezogen (obwohl auch Deutschland mit seiner Staatsverschuldung deutlich über dieser Grenze liegt).

Definieren wir als »Maastricht-konforme Schulden« (MKS) einmal den Teil der Staatsverschuldung, der 60 Prozent des BIP ausmacht.[2] Wir schlagen die folgende zweite Strategie zur Lösung der Krise in der Eurozone vor und als Mittel, die fehlerhafte Architektur der öffentlichen Gesamtverschuldung der Währungsunion zu korrigieren.

ZWEITE STRATEGIE: *Die EZB bietet Mitgliedstaaten, die an einer Umschuldung ihrer MKS interessiert sind, folgende Option an: Jedes Mal, wenn eine Anleihe eines Mitgliedstaats fällig wird, zahlt die EZB den Teil der Anleihe zurück, der dem Anteil (in Prozent) der MKS an der Gesamtverschuldung des Landes entspricht. Wenn beispielsweise in einem Land wie Spanien der Schuldenstand im Verhältnis zum BIP 90 Prozent beträgt (und damit über der Maastricht-Grenze von 60 Prozent liegt), wird die EZB bei Fälligkeit zwei Drittel aller spanischen Staatsanleihen zurückzahlen.[3] Gleichzeitig wird die EZB ein Debitkonto für das betreffende Mitgliedsland (in dem Fall Spanien) eröffnen, und das Land wird zu gegebener Zeit seine Schulden begleichen müssen, verzinst mit dem von der EZB erhobenen Zinssatz (gegenwärtig weniger als 2 Prozent).[4] Damit sichergestellt ist, dass dieses Geld auch wirklich auf das Debitkonto des betreffenden Landes zurückfließt, verpflichtet sich jedes teilnehmende Land, den Debitkonten absoluten Vorrangstatus einzuräumen (wie den*

IWF-Krediten, die ebenfalls vorrangig bedient werden müssen). Außerdem schlagen wir vor, dass die EZB-Bonds durch den ESM abgesichert werden für den Fall, dass ein Mitgliedsland sie nicht zurückzahlt (trotz des absoluten Vorrangstatus, zu dem das Mitgliedsland sich verpflichtet hat).

Was ist der Nutzen dieser Strategie?
Zuerst einmal reduziert sie die Kosten für die Bedienung der MKS eines jeden Mitgliedstaats beträchtlich. In Anbetracht der hohen Bonität der EZB werden die Zinsen auf EZB-Anleihen deutlich unter 2 Prozent liegen. Damit bekommen die Mitgliedstaaten die Chance, ihre MKS deutlich billiger zu bedienen, als das gegenwärtig der Fall ist (derzeit zahlen sie über 4 Prozent). Für die gesamte Eurozone bedeutet dies, dass die Jahreszinsen aller Mitgliedstaaten der Peripherie innerhalb von zwanzig Jahren um 50 Prozent fallen werden, und damit ist die europäische Schuldenkrise endgültig vorbei.

Verstößt die zweite Strategie nicht gegen den Vertrag von Maastricht und das Prinzip der perfekt getrennten Schulden?
Ganz und gar nicht. Die zweite Strategie macht es nicht erforderlich, dass Deutschland für einen Teil der Schulden von Griechenland oder Irland geradesteht. Nicht für einen einzigen Euro! Die Schulden der Mitgliedstaaten bleiben vollkommen getrennt. Was den Vertrag von Maastricht anbetrifft, der bereits verletzt wurde (weil die meisten Mitgliedstaaten, auch Deutschland, die Schuldenobergrenze deutlich überschritten haben), sind wir der Meinung, dass die zweite Strategie ihn allenfalls stärkt. Wie erreicht sie das? Indem sie den Mitgliedstaaten einen Spread (eine Differenz zwischen zwei Zinssätzen) aufzwingt zwischen:

a) den Kosten für die Rückzahlung der MKS (die nun zu sehr geringen Zinssätzen mit der EZB als Vermittlungsinstanz refinanziert werden) und

b) den Kosten für die Rückzahlung der übrigen Schulden (dem Teil, der die MKS übersteigt), die jedes Mitgliedsland ohne die Hilfe der EZB refinanzieren muss.

Verstößt die zweite Strategie nicht gegen das Statut der EZB, das verbietet, Geld zu drucken und Anleihen von Mitgliedstaaten der Eurozone zu kaufen?
Nein! Erstens kauft die EZB bei der zweiten Strategie keine Anleihen von Mitgliedstaaten, sondern agiert für die Rückzahlung ihrer MKS als Vermittlerin auf den Märkten. Das ist nach dem EZB-Statut nicht verboten. Außerdem druckt die EZB kein Geld (was in der Tat gegen ihr Statut verstoßen würde), um als Vermittlerin tätig zu werden. Vielmehr gibt sie eigene Anleihen aus – das heißt, sie leiht sich direkt auf den Finanzmärkten Geld, und das verbietet ihr Statut nicht. Die Kosten, um diese Anleihen zu bedienen, werden von der Gesamtheit der Mitgliedstaaten getragen, entweder direkt oder durch die Bürgschaft des ESM (wie oben erwähnt). Darum zahlt die EZB nichts, in keiner Weise, für die vorgeschlagene teilweise Umschuldung der Mitgliedstaaten.

Warum ist die zweite Strategie besser als eine Fortsetzung des Anleihekaufprogramms der EZB?
Mit der Ankündigung ihres Anleihekaufprogramms gelang es der EZB, die Spanne zwischen den Zinssätzen innerhalb der Eurozone zu verkleinern. Das Anleihekaufprogramm, das verkündet wurde, als der Euro vor dem Zusammenbruch stand, war nichts anderes als ein Versprechen (oder eine Drohung), dass die EZB bereit sei, die großen Länder der Eurozone unbegrenzt zu unterstützen, die ihre gewaltigen Staatsschulden nicht mehr zurückzahlen konnten (speziell Spanien und Italien). Doch die Reaktionen und der Druck aus Deutschland (insbesondere von der Deutschen Bundesbank) hatten zur Folge, dass das Anleihekaufprogramm zu einem Programm mit Bedingungen verwässert wurde. Konkret ver-

langte Berlin, wenn ein Land vom Anleihekaufprogramm profitieren wolle, müsse es sich der Kontrolle durch die Troika (aus EU-Kommission, EZB und IWF) unterwerfen und drakonischen Sparauflagen zustimmen.

Es ist offensichtlich, dass sich Italien oder Spanien mit der Zustimmung zu diesen Bedingungen ein gewaltiges politisches Problem und sicher eine Regierungskrise eingehandelt hätten. Das heißt, das Versprechen/die Drohung, die dem Anleihekaufprogramm zugrunde liegt, ist sehr fragil: Die EZB droht, Anleihen zu kaufen, aber das wird nur passieren, wenn die Regierungen von Italien und Spanien … Selbstmord begehen – und damit ist die Drohung nicht glaubwürdig.

Das Anleihekaufprogramm hat die Bondmärkte nur deshalb beruhigt, weil die Märkte nicht glauben, dass die EZB sich an die Regeln halten wird, die Berlin diktiert hat (sie glauben vielmehr, dass die EZB italienische und spanische Anleihen auch dann kaufen wird, wenn Italien und Spanien sich weigern, ein Memorandum of Understanding zu unterzeichnen). Vor allem aber hat das Programm bisher zumindest teilweise sein Ziel erreicht, ohne dass die EZB auch nur eine einzige Anleihe kaufen musste. Deshalb sprechen Finanzkreise auch von einem »Phantomprogramm«.

Trotz dieser Erfolge reicht das »Phantomprogramm« ganz und gar nicht aus, um die Schuldenkrise, eines der vier Elemente der Krise in der Eurozone, zu bekämpfen. Ein Grund ist, dass es auf einer nicht glaubwürdigen Drohung basiert (dem unbegrenzten Kauf von Anleihen durch die EZB, was Deutschland nicht hinnehmen wird, wenn es so weit kommen sollte). Ein zweiter Grund ist, dass die EZB zwar für Länder wie Italien die Zinssätze drücken konnte, deren Schulden aber immer noch untragbar hoch sind, weil auch die geringeren Zinssätze die Wachstumsraten ihrer Steuereinnahmen übersteigen. Im Gegensatz dazu gründet unsere zweite Strategie nicht auf unglaubwürdigen Drohungen, und sie wird überdies zu einem raschen Rückgang der langfristigen Refinanzierungskosten für einen Großteil der Schulden in der Eurozone (den MKS der Mitgliedstaaten) führen.

Schließlich wollen wir mit Blick auf den institutionellen Rahmen, in dem die zweite Strategie umgesetzt werden kann, noch darauf hinweisen, dass Regierungen, die an dem vorgeschlagenen Programm teilnehmen wollen, dies auf der Grundlage der Verstärkten Zusammenarbeit tun können. In der Praxis bedeutet dies, dass nur neun Länder der zweiten Strategie zustimmen müssen. Die anderen, die nicht mitmachen wollen, haben die Option, weiterhin die Gesamtheit ihrer Schulden aus eigener Kraft zu bedienen.[5] Damit steht es der deutschen Regierung frei, ihre Zustimmung zu dieser Politik zu verweigern (aus innenpolitischen Gründen und zumindest zu Anfang).

Strategie 3: Ein investitionsgestütztes Rettungs- und Konvergenzprogramm (IRKP) – ein europäischer New Deal

Die ersten beiden Strategien zielen auf die Bankenkrise und die Staatsschuldenkrise. Bei der dritten Strategie geht es um die Investitionskrise in der Eurozone, einmal wegen der geringen Investitionstätigkeit in der Eurozone insgesamt, dann wegen der großen Ungleichgewichte bei den Investitionen innerhalb der Eurozone, die Risse im sogenannten »gemeinsamen Markt« verursachen und den Fortbestand der Wirtschafts- und Währungsunion gefährden. Wie die beiden erstgenannten Strategien kann auch die dritte Strategie sofort umgesetzt werden und verletzt keinen der EU-Verträge.

Für die Umsetzung der ersten und der zweiten Strategie ist die Beteiligung von EZB und ESM erforderlich. Bei der dritten Strategie kommen die Europäische Investitionsbank (EIB) und der Europäische Investitionsfonds (EIF), unterstützt von der EZB, ins Spiel. Wir möchten diesen Punkt besonders hervorheben, damit der Leser erkennt, dass die Strategien, die wir vorschlagen, keine neuen europäischen Institutionen erfordern, sondern nur eine rationale Überprüfung der vorhandenen, sodass sie in der Lage sind, neue Aufgaben zu übernehmen, ohne ihre Statuten und die bestehenden Verträge zu verletzen.

Die beiden europäischen Institutionen, die wir im vorigen Abschnitt erwähnt haben, die EIB und der EIF, können ein Investitionsprogramm für ganz Europa konzipieren und umsetzen, das einem europäischen Marshallplan gleichkommt – ein europäischer New Deal. Erforderlich sind Investitionen in Höhe von 8 Prozent des BIP der Eurozone, um der gesamten Eurozone und insbesondere den Ländern der Peripherie den Schub zu geben, der echtes Wachstum und eine Steigerung der Produktivität bringen würde. Bedauerlicherweise sind die EIB und der EIF bisher nicht in der Lage, ein solches wichtiges Investitionsprogramm zu implementieren.

Das hat einen einfachen Grund. Gegenwärtig werden die Investitionsprogramme der EIB und des EIF zu 50 Prozent durch Anleihen finanziert, die die EIB selbst ausgibt, und zu 50 Prozent durch die Mitgliedstaaten (öffentliche Hand und private Investoren). Das geschieht auf der Grundlage einer ungeschriebenen Vereinbarung, die besagt, dass die EIB und die öffentliche Hand des Landes, in dem die Investition getätigt wird, Partner sein und das Risiko der Investition gemeinsam tragen sollen.

Diese Vereinbarung ist vernünftig, aber heute haben die Mitgliedstaaten einfach nicht die Mittel, um sich an größeren Investitionsprogrammen zu beteiligen, ganz zu schweigen von den ambitionierten Programmen, die in der Eurozone generell und in ihren Volkswirtschaften im Speziellen nötig wären. Andererseits können die EIB und der EIF einen europaweiten New Deal nicht komplett allein finanzieren, denn sobald sie versuchen, das gesamte Risiko selbst zu übernehmen, wird ihre Kreditwürdigkeit herabgestuft (durch die Ratingagenturen). Deshalb schlagen wir die folgende dritte politische Strategie vor:

DRITTE STRATEGIE: *Die EIB und der EIF kündigen zusammen mit Ecofin oder der Eurogruppe ein europaweites Investitionsprogramm in Höhe von 8 Prozent des BIP der Eurozone an und die Ausreichung von Investitionsprogrammen an die Länder der Peripherie der Eurozone in Höhe ihrer jeweiligen Arbeitslosenquoten. Die Beteiligung der Länder an dem europaweiten Investitionsprogramm (das heißt die 50 Prozent, die die Mitgliedstaaten selbst tragen) wird wie folgt gedeckt:*

- *entweder durch die Ausgabe von EZB-Anleihen, die auf die in der zweiten Strategie beschriebenen Debitkonten der Mitgliedstaaten gebucht werden,*
- *oder durch die Ausgabe zusätzlicher Anleihen von EIB und EIF, die jedoch die EZB auf dem Zweitmarkt aufkauft, falls ihr Wert unter eine bestimmte Schwelle sinkt (oder wenn ihre Zinssätze eine vorher festgelegte Schwelle übersteigen).*
- *Diese Anleihen werden direkt aus den Erträgen der Investitionen beglichen (wie bei EIB-Bonds) und erhöhen nicht die Staatsverschuldung der Mitgliedstaaten, in denen die Investitionen getätigt werden.*

Wie unsere Vorschläge für eine einheitliche Bankenzone und einer partielle Umschuldung der Mitgliedstaaten steht auch das vorgeschlagene europaweite Investitionsprogramm für Rettung und Konvergenz absolut im Einklang mit der ökonomischen Realität in Europa und mit den vorhandenen Regularien.

Mit dem Programm ist es möglich, drei Ziele zu erreichen: Es wird die Investitionen signifikant erhöhen, ohne dass Geld der Steuerzahler aus den Überschussländern eingesetzt wird. Es wird die Investitionen in die europäische Peripherie lenken, deren Zahlungsbilanz gegenüber dem Rest

Europas gegenwärtig aus dem Gleichgewicht geraten ist. Und schließlich wird es die Nachfrage nach Gütern der Überschussländer beleben und damit die Eurozone aus der Krise holen.

Das wichtigste Merkmal der dritten Strategie ist, dass der vorgeschlagene europäische New Deal durch Anleihen von EIB und EIF finanziert wird, im Einklang mit dem Kurs, dem die EIB bereits seit dreißig Jahren folgt. Erinnern wir uns in diesem Zusammenhang daran, dass die EIB seit Jahrzehnten für Gesamteuropa Anleihen für Entwicklungsprojekte begibt, mit denen große Investitionsprogramme finanziert werden. Dieses Element der dritten Strategie ist also nicht neu. Neu an unserem Bescheidenen Vorschlag ist, dass die Investitionstätigkeit von EIB und EIF, wie wir sie uns vorstellen, zu einem europäischen New Deal *mit Unterstützung der EZB* ausgeweitet wird.

Welche Form soll die Unterstützung der EZB für EIB und EIF annehmen? Ist die Unterstützung legal?
Die Unterstützung kann zwei Formen annehmen (wie oben erwähnt). Die erste Form sieht, wie bereits erklärt, so aus, dass die EZB für jede von der EIB oder dem EIF ausgegebene Anleihe eine eigene Anleihe ausgibt und damit die EIB in ihrem Bemühen, den europäischen New Deal zu finanzieren, unterstützt. Dies bedeutet keinesfalls eine Finanzierung durch die EZB! Die von der EZB ausgegebenen Anleihen werden automatisch auf die Debitkonten der Mitgliedstaaten gebucht (auf die gleiche Weise, wie es die zweite Strategie vorsieht). Etwaige Verluste werden somit von dem jeweiligen Mitgliedstaat getragen, und das EZB-Statut wird nicht verletzt (denn die EZB muss keinerlei Verluste übernehmen). Obwohl die EZB nichts finanzieren muss (und darum ihr Statut nicht verletzt wird), wird die kurzfristige, sofortige Übernahme von 50 Prozent der Investitionskosten durch die EZB (Kosten, die die wirtschaftlich schwächeren Mitglied-

staaten niemals tragen könnten) Europa ermöglichen, das europaweite investitionsgestützte Rettungs- und Konvergenzprogramm *sofort* umzusetzen, und das Programm wird die Erträge generieren, mit denen die Anleihen von EIB, EIF und EZB zurückgezahlt werden können.

Es gibt noch einen zweiten, alternativen Weg, wie die EZB die EIB und den EIF beim europäischen New Deal unterstützen kann: indem sie Anleihen beider Institutionen auf dem Zweitmarkt für Anleihen aufkauft. Ein solcher Schritt wäre nicht nur kein Verstoß gegen das EZB-Statut, die EZB hat in Anbetracht der Deflationsgefahr in der Eurozone sogar die heilige Pflicht, so zu handeln! Unsere Überlegung ist folgende:

Wenn die Zinsen nahe null liegen, sinkt die Inflation in vielen Ländern unter null und im Durchschnitt der Länder deutlich unter 2 Prozent, was die EZB als Inflationsziel für die Eurozone ausgegeben hat. Da die EZB die Zinsen nicht weiter senken kann (denn sie liegen schon fast bei null), wird sie Wertpapiere (zum Beispiel Anleihen) kaufen müssen, um Liquidität in die Märkte zu pumpen, die Preise für Wertpapiere in die Höhe zu treiben und insgesamt die Überzeugung zu stärken, dass es gelingen wird, die Deflationsgefahr zu bannen. Das Problem der EZB ist, dass sie nicht ohne Weiteres entscheiden kann, welche »Nationalität« die Wertpapiere haben sollen, die sie kauft. Soll sie beispielsweise eher italienische Anleihen kaufen oder deutsche Schuldtitel?

Das Problem ist gelöst, wenn die EZB Anleihen von EIB oder EIF kauft, denn das sind die beiden einzigen Institutionen, die Anleihen begeben, die allen Europäern gemeinsam gehören. Wenn diese Käufe, die die Krise erforderlich gemacht hat, außerdem dazu beitragen, die Kosten für die Finanzierung des europäischen New Deal gering zu halten, ist das ein weiteres starkes Argument dafür, dass die EZB Anleihen von EIB und EIF kaufen sollte, auch vor dem Hintergrund der geldpolitischen Ziele, denen die EZB zu folgen hat.

Die Beteiligung der EZB an der zweiten und dritten Strategie, so das Fazit, wird dazu beitragen, dass sie ihre Aufgabe erfolgreich erfüllen kann, die (nach Artikel 127 des Vertrags über die Arbeitsweise der Europäischen Union) darin besteht, »die allgemeine Wirtschaftspolitik der Union« zu unterstützen.

Welche Bedeutung hat die dritte Strategie für die Krise in der Eurozone und den Fortbestand der Eurozone?
Man vergisst leicht, dass die Staatsschulden und die Verluste der Banken nur eine Seite der Krise sind. Die andere Seite derselben Medaille ist das akkumulierte Kapital (in Europa, aber auch weltweit), das derzeit nicht produktiv investiert wird aus Angst, es könnte nicht genug Nachfrage für die Waren geben, die mit den Investitionen produziert werden. Die Krise wird überwunden werden, wenn es gelingt, das akkumulierte Kapital in produktive Investitionen zu lenken, vor allem in der Peripherie.

Unsere Idee beinhaltet keine gemeinsame Fiskalpolitik für Europa, die von den Steuerzahlern der Überschussländer finanziert würde. Stattdessen schlagen wir die »Mobilisierung« internationaler und europäischer Gelder vor, die in produktive Investitionen geleitet werden sollen, vorrangig in der Peripherie der Eurozone. Aus den Erträgen der Investitionen können dann die hohen Schulden bedient werden, und es gibt Wachstum für ganz Europa. Unser Vorschlag im Rahmen der dritten Strategie ist genau diese »Mobilisierung«. Die Anleihen von EIB und EIF, insbesondere wenn sie von der EZB unterstützt werden (so wie wir es bereits erklärt haben), bieten den Investoren sichere Investitionsmöglichkeiten, weshalb damit zu rechnen ist, dass sie einen großen Teil dieses akkumulierten Kapitals anziehen. Die EIB und der EIF werden dieses Geld dann in Investitionen lenken, die die Produktivität der europäischen Volkswirtschaften erhöhen.

Auf diese Weise wird ein großer Teil des akkumulierten Kapitals endlich investiert werden. Die Investitionen werden zu einer Erhöhung der Nachfrage führen, und die wiederum wird Optimismus bei den übrigen Investoren wecken, die versuchen werden, über private Kanäle zu investieren. Die Einbeziehung von EIB und EIF in den vorgeschlagenen europäischen New Deal wird somit einen allgemeinen Wachstumsschub auslösen. Einfach ausgedrückt: Nicht nur die Investitionstätigkeit öffentlicher Einrichtungen (wie EIB und EIF) wird die Wirtschaft stärken, weil direkt Gelder investiert werden, sondern sie wird auch zu neuen Investitionsanstrengungen privater Organisationen und Unternehmen führen. Die öffentlichen und privaten Investitionen können so der Krise wie der Rezession gemeinsam den entscheidenden Schlag versetzen.

Ist die dritte Strategie mit den Regularien der EU vereinbar?
Die EU-Statuten sehen Wachstums- und Konvergenzstrategien vor, die den europäischen »Rettungsplan für die Wirtschaft« unterstützen, der 2008 zwar auf dem Papier beschlossen, aber durch die allgemeine Sparpolitik ausgehebelt wurde. Die vorgeschlagene dritte Strategie entspricht den Bedingungen, die die EU selbst festgelegt hat, verstärkt die europäische Konvergenz, stellt das Vertrauen in die Privatwirtschaft wieder her und steht im Einklang mit der Verpflichtung Europas, für gleiche Lebensverhältnisse zu sorgen – wie es in den Römischen Verträgen heißt – und die wirtschaftliche und soziale Konvergenz zu fördern, von der in der Einheitlichen Europäischen Akte (1986) die Rede ist.

Was ist der Unterschied zwischen der EIB und dem EIF, und wie wird sich ihre jeweilige Rolle beim vorgeschlagenen europäischen New Deal unterscheiden?
Die EIB finanziert üblicherweise große Infrastrukturprojekte. Der EIF (dessen Gründung seinerzeit einer der Auto-

ren, Stuart Holland, Jacques Delors vorgeschlagen hat) sollte sich auf die Finanzierung kleiner und mittlerer Firmen konzentrieren und darüber hinaus als europäische Staatskasse fungieren, die Start-up-Unternehmen Hochrisikokapital zu günstigen Zinssätzen (signifikant niedriger als bei kommerziellen Banken) zur Verfügung stellt mit dem Ziel, die unternehmerische Tätigkeit von Personen zu unterstützen, die die konventionellen Kriterien für eine Kreditvergabe nicht erfüllen, aber brillante Ideen für neue und innovative Waren und Dienstleistungen haben.

Warum sollte Deutschland der dritten Strategie zustimmen?
Manche werden einwenden, dass die zentraleuropäischen Volkswirtschaften wie zum Beispiel Deutschland und Österreich keinen Grund haben, die dritte Strategie zu begrüßen, weil sie mit ihrer »Mittelstandspolitik« bereits eine hervorragende Finanzierung für kleine und mittlere Unternehmen haben. Doch sie haben sehr wohl einen triftigen Grund! Die Krise in der Eurozone hat inzwischen auch diese Unternehmen erreicht, weil die Finanzierungsmöglichkeiten für neue Technologien und relativ risikoreiche Geschäfte immer knapper werden. Außerdem hat der Zusammenbruch der Nachfrage in den Ländern der europäischen Peripherie die Umsätze in Zentraleuropa verringert, und nun fürchten diese Länder, dass die Schulden und Bankenverluste der Peripherie früher oder später auch für sie ein Problem werden. Die dritte Strategie trägt diesen Befürchtungen Rechnung, ohne dass Geld der Steuerzahler aus den zentraleuropäischen Ländern aufgewendet werden muss.

Vergrößern die Investitionen der EIB die Schuldenberge der Mitgliedstaaten nicht noch weiter?
Oft wird verschwiegen, dass es keinen Grund gibt, die Investitionen der EIB den Staatsschulden zuzuschlagen. Schon heute rechnet keine der stärksten Volkswirtschaften der Eu-

rozone die Investitionen der EIB zu ihren eigenen Staatsschulden dazu, ebenso wenig wie Griechenland, Portugal
oder Irland. Kein Land ist dazu verpflichtet; die Entscheidung darüber wird auf nationaler Ebene getroffen, von den
Regierungen und den Zentralbanken.

*Gibt es genügend Investitionsvorhaben, die im Rahmen der drit-
ten Strategie finanziert werden können, sodass sie gemeinsam
einen europaweiten New Deal ergeben?*
Einen Wachstumsimpuls durch Investitionsprogramme zu
setzen, die durch Bonds finanziert werden, die EIB und EIF
ausgeben, vielleicht auch die EZB, wäre sehr kurzfristig möglich. Nach einer Studie, die 1994 von den Mitgliedstaaten er-
arbeitet wurde, summierten sich die gebilligten Projekte, die
in etwa dem entsprachen, was wir mit unserer dritten Strategie intendieren, damals auf 750 Milliarden ECU. Heute
kommt eine Summe von mehr als 2 Billionen Euro zusammen, insbesondere wenn man die europaweiten Verkehrs-
netze mit einbezieht. Die Eurozone braucht genau ein solches gesamteuropäisches Investitionsprogramm, das in den
europäischen New Deal münden wird, den wir vorschlagen.

*Besteht nicht die Gefahr, dass öffentliche Investitionen von EIB
und EIF private Investoren abhalten?*
Es heißt oft, öffentliche Ausgaben würden private Ausgaben
verdrängen *(crowding-out)*. Das ist die sogenannte *Verdrän-
gungshypothese,* die besagt, ein Anstieg der öffentlichen Verschuldung verursache einen Anstieg der Zinsen und beein-
trächtige dadurch die private Investitionsbereitschaft. Doch
an dieser Stelle muss erwähnt werden, dass sogar der Mone-
tarist Milton Friedman der Ansicht war, dies könne nur bei
voller Auslastung der Wirtschaft passieren. Heute, mitten in
der Krise, ist die Wirtschaft jedoch schwach, und deshalb
werden öffentliche Investitionen von EIB und EIF die private Investitionstätigkeit verstärken *(crowding-in)* und da-

durch gleichermaßen die Einkommen und die Beschäftigungszahlen erhöhen.[6] Man sollte noch hinzufügen, dass der Multiplikator[7] der öffentlichen Investitionen beim BIP höher ist als der korrespondierende Index, der den Rückgang der Fiskalausgaben misst: Ersterer erreicht einen Wert von 3, Letzterer liegt nur knapp über 1.[8]

Wird nicht der Ausweg aus der Krise in der Eurozone viel schwieriger, wenn die EIB und der EIF als Vermittler bei den Schulden fungieren?
Oft wird gesagt, man könne die Krise nicht dadurch lösen, dass »immer mehr Schulden aufgehäuft« würden. Die Wahrheit ist, dass es immer darauf ankommt, wofür Schulden gemacht werden und zu welchen Zinssätzen. Staatsschulden zu einem Zinssatz von 5 Prozent oder noch mehr aufzuhäufen ohne Aussicht auf Erholung, ist selbstmörderisch. Durch gemeinsame Anleihen von EIB und EIF zu Zinssätzen möglichst unter 2 Prozent Geld aus weltweiten Überschüssen nach Europa zu holen, um eine wirtschaftliche Erholung in Gang zu setzen, ist absolut nachhaltig.[9] Diese Gelder müssen in Investitionen fließen, die die Produktivität steigern, die Herstellung nachgefragter Güter fördern, der Wirtschaft Auftrieb geben, die Einnahmen des Staates und der Privaten erhöhen sowie die Beschäftigungszahlen steigern und auf diese Weise die hohen öffentlichen und privaten Schulden reduzieren.

Strategie 4: Ein Notprogramm für soziale Solidarität (NPSS)

Wir haben bereits von der zerstörerischen Wirkung der sozialen Krise gesprochen und von ihren Auswirkungen auf die Gesellschaften in Europa, den Fortbestand der Eurozone und die europäische Idee. Nach den Statuten der EU fällt die Sozialpolitik zwar in die Verantwortung der Mitgliedstaaten, trotzdem erscheint eine sofortige europäische Intervention zur Bekämpfung der sozialen Krise dringend geboten. Die soziale Krise hat die Gesellschaften aufgrund der fehlerhaften Architektur der Eurozone getroffen, deshalb machen die Europäer zu Recht Europa dafür verantwortlich und akzeptieren es nicht, wenn die EU sich auf die legalistische Position zurückzieht, es sei nicht ihre Aufgabe, sich darum zu kümmern, welche sozialen Kosten die wackligen europäischen Institutionen verursachen.

Es ist vielmehr die moralische und politische Pflicht der EU, so schnell wie möglich zu handeln, um die Grundbedürfnisse der europäischen Bürger zu befriedigen, weil die strukturelle Eurokrise in Verbindung mit den Sparmaßnahmen, die den schwächeren Mitgliedstaaten auferlegt wurden, die Staaten hindert, sich um ihre in Not geratenen Bürger zu kümmern. Wenn die EU nicht reagiert, droht Europa Gefahr durch Extremismus, Rassismus und Fremdenfeindlichkeit, ja unverblümten Nazismus. Nie zuvor hielten so viele Europäer so wenig von der Europäischen Union und ihren Institutionen. Vor diesem Hintergrund droht aus der menschlichen und sozialen Krise schnell eine Legitimitätskrise der EU zu werden.

Vierte Strategie: *Ein europaweites Programm wird a) nach dem Vorbild des Lebensmittelhilfe-Programms in den Vereinigten Staaten den Zugang zu Nahrung garantieren und b) die Grundbedürfnisse bei Energie und Verkehr (Strom, Heizung und öffentlicher Verkehr) abdecken. Das Programm wird ausschließlich aus den Zinsen finanziert, die aus Ungleichgewichten bei den TARGET2-Salden (siehe unten) im Europäischen System der Zentralbanken auflaufen, aus Gewinnen durch Transaktionen mit Staatsanleihen und in der Zukunft aus anderen Finanztransaktions- oder Börsenumsatzsteuern, deren Einführung die EU gegenwärtig prüft.*

Was ist TARGET 2?
TARGET 2 ist die Fachbezeichnung für das System der

internen Verrechnung der Geldflüsse zwischen den Zentralbanken, die zusammen das Europäische System der Zentralbanken bilden. Dieses System ermöglicht erst die Existenz der gemeinsamen Währung – des Euro. Um die Funktionsweise an einem Beispiel zu erläutern, nehmen wir einmal an, ein spanischer Staatsbürger kauft ein deutsches Auto. Sein Geld wird von seiner (spanischen) Bank zu einer deutschen Bank (bei der der Autohersteller ein Konto hat) transferiert. Gleichzeitig geht die spanische Zentralbank eine rein nominelle Verbindlichkeit (»Schuld«) gegenüber der deutschen Zentralbank (der Bundesbank) ein. Wenn die Zahlungen zwischen der spanischen Zentralbank und der deutschen Bundesbank nicht ausgeglichen sind, hat die spanische Zentralbank gegenüber der Bundesbank eine nominelle Schuld. Jedes Jahr werden den Zentralbanken der Defizitländer in der Eurozone, die solche »Schulden« bei den Zentralbanken der Überschussländer haben, Zinsen entsprechend dem Volumen ihrer »Schulden« berechnet. Die Zinszahlungen werden unter den Zentralbanken der Überschussländer verteilt, die sie an ihre jeweiligen Staatskassen weiterreichen. Gleichzeitig werden die Zahlungen von den Gewinnen der Zentralbanken der Defizitländer abgezogen, die darum weniger Geld an ihre eigenen Staatskassen überweisen können. Dahinter steht die Überlegung, dass es eine abschreckende Wirkung hat, wenn Zinsen auf die Nettoverbindlichkeiten einer jeden nationalen Zentralbank erhoben werden, sodass der Aufbau hoher Verbindlichkeiten auf der einen Seite und entsprechender Forderungen auf der anderen Seite verhindert wird.

Warum sollte das Notprogramm für soziale Solidarität aus den TARGET2-Gewinnen finanziert werden?
Vor der Krise waren die Ungleichgewichte bei TARGET2 sehr gering. Mitgliedstaaten mit hohen Zahlungsbilanzdefiziten (zum Beispiel Griechenland) bekamen hohe Kapitalzu-

flüsse aus Überschussländern (zum Beispiel Deutschland), und diese Zuflüsse glichen die Verbindlichkeiten aus, die die Zentralbanken der Defizitländer gegenüber den Zentralbanken der Überschussländer hatten. Wir können somit sagen, vor 2009 hatte der ausgeglichene Fluss von Waren und Kapital zur Folge, dass die TARGET 2-Salden für alle Mitgliedstaaten nahe null lagen.

Doch die Krise führte zu erheblichen Ungleichgewichten, die sich bald schon in hohen TARGET 2-Ungleichgewichten widerspiegelten: Weil die Kapitalzuflüsse in die Peripherie versiegten und das Kapital in die umgekehrte Richtung zu fließen begann (da Kapital aus der Peripherie an die Banken in Frankfurt transferiert wurde), häuften die Zentralbanken der Peripherieländer hohe Nettoverbindlichkeiten an und die Zentralbanken der Überschussländer entsprechend hohe Forderungen auf.

Sofern der Euro überlebt, ist dieses Ungleichgewicht nur für die Zinszahlungen der Zentralbanken der Defizitländer (im Verhältnis zu ihren Verbindlichkeiten) an die Zentralbanken der Überschussländer von Belang. Einfach ausgedrückt: Die Zinsen, die nach den TARGET 2-Regelungen von der Peripherie ans Zentrum der Eurozone transferiert werden, verhalten sich proportional zur Größe der Krise. Je größer die Krise ist – und ein Element davon ist die soziale Krise –, desto mehr Zinsen müssen die Länder, die von der Krise besonders stark betroffen sind, an die Länder zahlen, die weniger stark betroffen sind.

Aus diesem Grund schlagen wir vor, dass das Notprogramm für soziale Solidarität aus den Zinsen bezahlt wird, die innerhalb des Zahlungsverkehrssystems TARGET 2 aufgelaufen sind. Diese Zinsen werden immer mehr, je länger die Krise dauert – eine Krise, unter der die Mitgliedstaaten in der Peripherie besonders leiden. In gewisser Weise sind die Zinsen der »Schatten« der Krise, denn sie belasten bis auf Weiteres die Peripherie: Die Peripherie muss in einer Situation, in der es ihr besonders schlecht geht, Geld überweisen – an die Überschussländer.

Als wäre es nicht schon genug, dass infolge der Krise die knappen Ressourcen der Peripherie nach Frankfurt wandern (und dadurch den deutschen Banken zugutekommen und dafür sorgen, dass Deutschland sich billig Geld leihen kann), belohnt das TARGET 2-System Deutschland noch mehr, indem es die Zinsen von den Zentralbanken der Peripherie zur Bundesbank lenkt, die wiederum (einmal im Jahr) ihre »Gewinne« an die Bundesregierung weiterreicht.

Es ist eindeutig unfair und unlogisch, dass ein formales Verrechnungssystem innerhalb des Europäischen Systems der Zentralbanken mitten in der Krise zu einem derartigen Anschwellen der Kapitalflüsse von Mitgliedstaaten, die diese Gelder am dringendsten brauchen, zu Mitgliedstaaten, die sie nicht so dringend brauchen, führt. Es ist umso unverständlicher, als diese Zinsen keine Zahlungen aus Geschäften oder auf Staatsschulden sind.

Aus diesem Grund schlagen wir vor, dass die Gewinne aus TARGET 2 dafür eingesetzt werden zu verhindern, dass Menschen hungern oder im Winter frieren, und dafür, Arbeitslose dabei zu unterstützen, dass sie in Regionen umziehen können, wo es leichter für sie ist, einen Arbeitsplatz zu finden. Das Gleiche sollte auch für die Erträge aus den neuen Steuern gelten, die die EU zurzeit auf Aktiengeschäfte oder Bankgewinne erwägt: Die dargelegten Argumente rechtfertigen ebenso, diese gesamteuropäischen Steuereinnahmen zur Finanzierung der vierten Strategie zu verwenden.

Fassen wir die Vorschläge der vierten Strategie noch einmal zusammen:

1. Das TARGET 2-System wird nicht verändert, die Zentralbanken der defizitären Mitgliedstaaten zahlen weiter Zinsen an das Europäische System der Zentralbanken. Deshalb ist es nicht nötig (es ist ja nur ein

»bescheidener« Vorschlag), Veränderungen am EZB-Statut vorzunehmen. Der einzige Unterschied ist der, dass die Zentralbanken (unter der Führung entweder der Eurogruppe oder von Ecofin) die aufgelaufenen Gewinne auf ein gemeinsames Konto überweisen, aus dem dann das Notprogramm für soziale Solidarität finanziert wird (statt die Gewinne weiterhin an die Staatskassen der Mitgliedstaaten mit Überschüssen zu überweisen).

2. Die Eurozone erhält mit der vierten Strategie eine gemeinsame Politik zur Bekämpfung der sozialen Krise, die ohne neue Steuern finanziert werden kann. Das ist die Lösung für das Problem, wie es möglich ist, zu gemeinsamem Geld zu kommen, mit dem man Grundbedürfnisse finanzieren kann, ohne neue gemeinschaftliche Steuern einzuführen, aber auch ohne die Regierungen der Mitgliedstaaten zur Finanzierung heranzuziehen (in Form höherer Zahlungen an die EU, was wiederum Steuererhöhungen auf nationaler Ebene zur Folge hätte).

3. Die vierte Strategie korrigiert einige interne Ungleichgewichte der Eurozone, indem sie die »unangemessenen« Kapitalflüsse im TARGET 2-System ausgleicht, solange die Krise andauert. In Kombination mit den anderen drei Strategien, die auf andere Ungleichgewichte in der Eurozone zielen, trägt sie zum Fortbestand der Europäischen Währungsunion bei.

4. Und schließlich hat die vierte Strategie erhebliche moralische, politische und symbolische Bedeutung. Wenn eine Familie einen Scheck über 50 Euro bekommt mit dem Aufdruck »von der EU zur Verfügung gestellt« und den im Supermarkt anstelle von Geld verwenden kann, werden die Bürger Europas automatisch anfangen, die EU mit anderen Augen zu betrachten.

ZUSAMMENFASSUNG

Vier realistische politische Strategien, um die fünf falschen Dilemmata aufzulösen, die die Krise verschärfen

Nach sechs Jahren Rezession und wirtschaftspolitischen Entscheidungen, die als die längste Abfolge von Fehlern und Unschlüssigkeit in die europäische (wenn nicht sogar die internationale) Wirtschaftsgeschichte eingehen werden, hat Europa bei seinen eigenen Bürgern Legitimität eingebüßt und beim Rest der Welt an Glaubwürdigkeit verloren.

Zwar ließen sich die Anleihemärkte durch die Maßnahmen der EZB im Sommer 2012 und die deutsche Entscheidung, Griechenland und Portugal nicht aufzugeben, beruhigen, aber die Eurozone steuert weiter auf den Zerfall zu, ungeachtet der Tatsache, dass die Politik und wichtige Wirtschaftsinteressen das Gegenteil wollen.[1]

Der Teufelskreis der Sparpolitik hat Europas Fähigkeit untergraben, für Wohlstand zu sorgen, hat die strukturellen Gräben vertieft, die (seit Anbeginn der Eurozone) die defizitäre Peripherie und die Überschussländer im Zentrum trennen, hat deflationäre Tendenzen gefördert und Nationalismus und Fremdenfeindlichkeit genährt, die die politischen und kulturellen Fundamente Europas untergraben. Gleichzeitig sind die europäischen Regierungen und die wirtschaftlichen »Eliten«, die sie unterstützen, Gefangene von fünf falschen und kontraproduktiven (soweit es um effiziente Politik geht) Dilemmata:

- das Dilemma zwischen Stabilität und Wachstum,
- das Dilemma zwischen einer Sparpolitik, die eine Sackgasse darstellt, und ineffizienten Wachstumsimpulsen (die darauf basieren, immer noch mehr Schulden zu machen),
- das Dilemma zwischen der tödlichen Umarmung insolventer Banken und bankrotter Regierungen einerseits und einer theoretisch nützlichen Bankenunion andererseits, die die europäischen Politiker zwar angekündigt haben, aber nicht in die Praxis umzusetzen gedenken,
- das Dilemma zwischen dem Prinzip der perfekt getrennten Staatsschulden der einzelnen Länder und der vermeintlichen Notwendigkeit, die Überschussländer dazu zu bringen, dass sie die anderen finanzieren, und
- das Dilemma zwischen dem Verlust der nationalen Souveränität, während es auf europäischer Ebene (das heißt in der Eurogruppe) keine demokratische Entscheidungsfindung gibt, und der unrealistischen Perspektive eines föderalen Europas.

Diese fünf Dilemmata sind falsch, weil es, wie wir auf den vorangehenden Seiten dargelegt haben, für jedes einzelne Dilemma eine alternative Lösung gibt:

Es besteht kein Grund, zwischen Stabilität und Wachstum zu wählen oder zwischen Sparpolitik und einer traditionellen keynesianischen Wachstumspolitik, die durch neue Staatsschulden finanziert wird (vgl. unsere dritte und vierte Strategie).

Es ist unsinnig anzunehmen, dass wir beim Bankensektor nur die Wahl haben zwischen der gegenwärtig so genannten Bankenunion (die die wechselseitige Abhängigkeit zwischen den Mitgliedstaaten und den nationalen Banken noch verstärkt) und einer sofortigen, aber nicht praktikablen realen Union der 6000 Banken in Europa (vgl. Strategie 1).

Was die Staatsverschuldung an der Peripherie betrifft, gibt es keinen Grund, warum sie entweder die Steuerzahler der Überschussländer belasten oder die Menschen in den betreffenden Ländern ersticken sollte (vgl. Strategie 2).

Es ist irreführend und gefährlich zu behaupten, die Mitgliedstaaten müssten entweder das Demokratiedefizit der aktuellen Entscheidungsstrukturen in Europa und den Verlust an nationaler Souveränität akzeptieren oder zu föderalen Strukturen übergehen. Wie wir bei der näheren Betrachtung unserer vier vorgeschlagenen Strategien gesehen haben, lässt sich auch ohne Föderalisierung eine praktikable Lösung der Krise finden; es genügt, die Architektur der Eurozone so zu reformieren, dass die nationale Souveränität der Mitgliedstaaten wiederhergestellt ist.

Die fünf genannten falschen Dilemmata schaden Europa und beeinträchtigen seine Zukunft, weil sie das Denken hemmen und die Regierungen lähmen. Sie sind verantwortlich für die Legitimitätskrise des europäischen Projekts, und es besteht die Gefahr, dass diese Dilemmata das, was als Wirtschaftskrise begonnen hat, in eine große humanitäre, soziale und demokratische Krise verwandeln.

Unser Bescheidener Vorschlag antwortet auf die fünf falschen Dilemmata, die Europa quälen, mit den folgenden vier Punkten (die in die vorgeschlagenen vier politischen Strategien eingeflossen sind):

- Europas größtes Dilemma besteht heute zwischen:
  - Deflation auf der einen Seite, weil jeder einzelne Mitgliedstaat versucht, die Krise in die übrigen Mitgliedstaaten zu »exportieren« (durch eine Steigerung seiner Nettoexporte), und weil die Eurozone insgesamt versucht, die Krise in den Rest der Welt zu »exportieren«, und
  - einem investitionsgestützten Erholungsprogramm auf der anderen Seite (basierend auf einer gesamt-

europäischen Steigerung der Investitionen, die mit dem Kapital finanziert werden, das bei den Zentralbanken »geparkt« ist), das ein Programm zur Bekämpfung der sozialen Krise enthält (finanziert durch die Zinsen, die im Europäischen System der Zentralbanken aufgelaufen sind als Folge der ungleichgewichtigen Kapitalflüsse, die für die humanitäre Krise verantwortlich sind).

- Die Steuerzahler in Deutschland und den anderen Überschussländern sollen nicht für die Lösung der Krise bezahlen müssen. Sie müssen weder die Lösung der Bankenkrise finanzieren (erste Strategie) noch die Restrukturierung der Staatsschulden (zweite Strategie), nicht die Investitionen (dritte Strategie) und auch nicht das humanitäre Notprogramm (vierte Strategie).Wie auf den vorangehenden Seite dargelegt, erfordern diese vier Strategien nicht einen einzigen Euro Steuergeld aus den Überschussländern (und auch nicht aus den Defizitländern).

- Deutschland sträubt sich gegen die Idee einer expansiven Geldpolitik oder fiskalischer Maßnahmen zur Überwindung der Krise. In diesem Zusammenhang ist es interessant anzumerken, und politisch bedeutsam, dass die vorgeschlagenen politischen Strategien der deutschen Haltung nicht widersprechen.

- Viele Europäer würden es gern sehen, wenn die Krise der Auslöser für »mehr Europa« in Form föderaler Institutionen würde (zum Beispiel eines gemeinsamen Finanzministeriums für die Eurozone). Ein solcher Schritt hätte zwar positive Aspekte, aber mitten in einer Krise, die zentrifugale Kräfte fördert, statt die Länder näher zusammenzubringen, ist er nicht gangbar. Die vier politischen Strategien, die wir vorschlagen, verlangen keinerlei Veränderungen an den bestehenden Verträgen. Sobald sie eingesetzt werden, um die Architektur der Eurozone umzugestalten und die Eurokrise zu lösen, können die Europäer, endlich ruhig und nicht mehr angsterfüllt infolge der Krise, entscheiden, ob sie den »nächsten Schritt« zur Einheit Europas gehen wollen.

Es ist nicht bekannt, wie viele Hiebe Alexander der Große brauchte, um den Gordischen Knoten zu durchschlagen. Aber mit vier Hieben könnte Europa den Knoten aus Schulden und Defiziten durchschlagen, mit dem es sich selbst gefesselt hat:

- Der erste Hieb, Strategie 1, das Fall-zu-Fall-Programm für die Banken (FFPB), umgeht die aktuell bestehende Sackgasse der Bankenunion (BU), indem sie die Staatsschulden und die Rekapitalisierung der Banken entkoppelt und die Möglichkeit eröffnet, später in Ruhe doch noch eine echte BU zu schaffen.
- Ein weiterer Hieb, Strategie 2, das Begrenzte Umschuldungsprogramm (BUP), lässt den Schuldenberg der Eurozone schmelzen, und zwar durch die Umschuldung der Maastricht-konformen Staatsschulden mithilfe von EZB und ESM.
- Der dritte Hieb, Strategie 3, das Investitionsgestützte Rettungs- und Konvergenzprogramm (IRKP), leitet die globalen Überschüsse in Investitionsvorhaben in Europa, insbesondere in der Peripherie.
- Der vierte Hieb, Strategie 4, das Notprogramm für soziale Solidarität (NPSS), erschließt Gelder, die durch die Asymmetrien im europäischen System der Zentralbanken aufgelaufen sind, Asymmetrien, die wesentlich für die Krise mit verantwortlich sind, um die Not der Menschen zu lindern, die die Krise erzeugt hat.

Auf politischer Ebene stellen die vier Strategien unseres Bescheidenen Vorschlags einen Prozess der dezentralisierten Europäisierung der vier krisenhaften Elemente dar (Banken, Staatsschulden, Investitionen, soziale Krise). Dieser Prozess wird einer von oben verordneten Föderalisierung gegenübergestellt, zu der die Wähler in Europa nicht befragt wurden, die sie höchstwahrscheinlich nicht unterstützen würden und die, was entscheidend ist, ihnen weder mehr Arbeitsplätze noch eine bessere soziale Absicherung bringt und auch die Zukunftsaussichten Europas nicht verbessert.

Die vier politischen Strategien, die wir vorschlagen, stellen dagegen eine dezentralisierte Europäisierung der vier krisenhaften Elemente dar: Banken, Staatsschulden, Investitionen, soziale Krise.

- Europäisierung insofern, als jedes Problem auf europäischer Ebene angegangen wird, mit klugen Finanzierungswegen, die weder den Einsatz nationaler noch »föderaler« Steuern verlangen.
- Dezentralisiert insofern, als keine neue Institution vorgeschlagen wird, die die Souveränität der Mitgliedstaaten aushöhlen könnte. Im Gegenteil: Die vier politischen Strategien stärken die nationale Souveränität, weil sie unerträgliche Lasten (Bankenrettung, Bewältigung hoher Schulden, Investitionen, Abdeckung von Grundbedürfnissen) von den nationalen Haushalten auf die bestehenden europäischen Institutionen übertragen und dadurch den Mitgliedstaaten neue Spielräume eröffnen.

Unser Bescheidener Vorschlag enthält Strategien für alle Elemente der Krise, plädiert aber nicht für neue Institutionen. Insofern ist er aus politischer und institutioneller Sicht ein minimalistisches Projekt. Er erfordert keine neuen Verträge, keine neuen Stabilitäts- und Wachstumspakte, keine neuen

Troikas oder Fiskalpakte. Er verlangt auch keine föderalen Lösungen, für die Europa heute, mitten in der Krise, noch nicht bereit ist. In diesem Sinn zielt unser Vorschlag zwar auf die Überwindung der Eurokrise ab, aber er ist trotzdem bescheiden und sofort umsetzbar.

EPILOG

Seit Beginn der Eurokrise haben die politisch Verantwortlichen in Europa noch keine echten Lösungen präsentiert, sondern nur versucht, Zeit zu kaufen, und damit haben sie die Krise unendlich verlängert, ihre sozialen Kosten in die Höhe getrieben, die demokratische Legitimität der nationalen Regierungen und der Europäischen Kommission unterhöhlt und natürlich all die Kräfte im Untergrund gestärkt, die auf die Auflösung der Eurozone und in der Folge der EU selbst hinwirken.

Interessanterweise wurde diese Abfolge falscher politischer Entscheidungen als Einbahnstraße dargestellt. Unabhängig davon, ob unser Bescheidener Vorschlag angenommen wird oder nicht, enthält er etwas Wertvolles: Er zeigt den Menschen Europas, dass eine durchdachte, effiziente, sofort umsetzbare und bescheidene Alternative für die Lösung der Eurokrise existiert. So gibt er uns das Vertrauen zurück, das wir brauchen, damit wir die europäischen Politiker dazu bringen können, sich ihrer Verantwortung zu stellen.

Anmerkungen

Einführung

1 Die erste Intervention (das sogenannte Längerfristige Refinanzierungsge-
schäft, LTRO), die Anfang 2012 auf den Weg gebracht wurde, bestand
darin, 1 Billion Euro zu »drucken«, die in Form von billigen Anleihen mit
dreijähriger Laufzeit nach einem beschleunigten Verfahren an die Banken
ausgereicht wurden. Die zweite Intervention erfolgte im Sommer 2012,
nachdem EZB-Präsident Mario Draghi verkündet hatte, »alles Notwendige zu tun«, um die Eurozone zu schützen. Das daraus resultierende Programm bekam den Namen OMT (Outright Monetary Transactions). In
der Praxis war es nichts weiter als eine Drohung an die Finanzmärkte, dass
die EZB im Bedarfsfall unbegrenzt Geld »drucken« werde, um jeden
Händler auszuspielen, der darauf wetten sollte, dass die Kreditzinsen eines
Landes eine vorab festgelegte Schwelle überschreiten (was aber nicht aus-
gesprochen wurde).

2 Wenn Griechenland sich Geld vom ESM leiht, holt sich der ESM das
Geld von den Finanzmärkten, indem er Anleihen begibt. Die Mitgliedstaaten bürgen für diese Anleihen und müssen zahlen, falls Griechenland
seine Schulden nicht begleichen kann. Die Höhe der Beteiligung hängt
von den jeweiligen Beiträgen zum ESM ab; demnach entfallen auf
Deutschland 27 Prozent, auf Frankreich 20 Prozent, auf Italien 18 Prozent
und so weiter. Der Anteil heißt »nationale Garantie«. Wie wir später sehen
werden, erfordert unser Vorschlag keine derartigen Garantien – denen die
Bürger und die Regierungen der Überschussländer ohne große Begeiste-
rung zugestimmt haben und die sie nicht noch einmal abgeben wollen.

Teil I Die Natur der Krise in der Eurozone

1 Genauer gesagt bedeutet Deutschlands Weigerung, einen gemeinsamen
Fonds einzurichten, um Einlagen abzusichern oder Zentralbanksysteme
im Fall einer allgemeinen Krise zu rekapitalisieren, eines: Obwohl die Banken der Eurozone von der EZB beaufsichtigt werden, verbleibt die Verantwortung für Verluste der Banken ausschließlich bei den Mitgliedstaaten.
Das ist alles andere als eine echte Bankenunion. Noch konkreter ausgedrückt heißt es, dass es besser wäre, wenn es diese Union nicht gäbe, denn
sie zwingt die EZB, insolvente Banken geflissentlich zu übersehen; würde
sie die betreffenden Banken offen als insolvent erklären, würde die Last
ihrer Rekapitalisierung ein Mitgliedsland mit Haushaltsproblemen treffen
und dadurch die Schuldenkrise in der Eurozone noch weiter verschärfen.

2 Der »Dominoeffekt« bezeichnet eine Abfolge von Ereignissen. Der erste Stein fällt auf den zweiten, der zweite auf den dritten und so weiter. Das heißt, wäre der erste Stein nicht gefallen, wäre das Geschehen gar nicht in Gang gekommen. Das ist so, als würde jemand behaupten, wenn Griechenland nicht bankrottgegangen wäre, hätte es die Schuldenkrise in der Eurozone nicht gegeben. Aber das stimmt nicht. Deshalb lehnen wir den Begriff »Dominoeffekt« ab und sprechen lieber vom »Popcorneffekt«: Die Maiskörner platzen in der Pfanne, aber auch wenn wir das erste geplatzte Korn entfernen, können wir nicht verhindern, dass die anderen platzen. Entsprechendes gilt für die Eurozone: Selbst wenn Griechenland nicht bankrottgegangen wäre oder sogar wenn es überhaupt nicht in die Eurozone eingetreten wäre, wären die anderen Länder trotzdem Bankrott gegangen.

3 Er meinte die »Konvertibilität« des Euro in andere nationale Währungen.

4 Das Memorandum of Understanding ist die Vereinbarung der betreffenden Länder mit der Troika aus IWF, EU-Kommission und EZB, dass sie weitere Hilfsgelder nur gegen harte Sparauflagen bekommen.

5 Ohne die gemeinsame Währung hätten die Defizitländer ihre Währungen abwerten müssen, was als automatischer Mechanismus zur Reduzierung der Kapitalflüsse gewirkt hätte. Wenn ein Land mit einer eigenen nationalen Währung auf Dauer Defizite hat, muss es in erheblichem Umfang Devisen kaufen. Wenn die Währung auf den Devisenmärkten frei gehandelt wird (freie Wechselkurse), kommt es automatisch zur Abwertung. In einem System mit festen Wechselkursen, in dem der Wechselkurs von den Ländern festgelegt wird (wie es in der Zeit vor dem Euro mit dem Europäischen Währungssystem der Fall war), beschließt man eine Abwertung dann, wenn es entweder nicht möglich oder nicht wünschenswert ist, den bestehenden Wechselkurs zu halten. Unabhängig davon, wie der neue Wechselkurs zustande kommt, haben die Produkte eines Landes mit einer abgewerteten Währung im Export einen Wettbewerbsvorteil.

Teil III Der Bescheidene Vorschlag

1 Viele teilen unsere Ansicht, dass die vereinbarte Bankenunion nicht hilfreich ist, fügen aber hinzu, sie sei immerhin ein Schritt in die richtige Richtung. Wir sind nicht dieser Meinung. Vielmehr glauben wir, dass es ein Schritt in die falsche Richtung ist. Wir glauben das deshalb, weil die vereinbarte Bankenunion die EZB degradiert, denn da sie der EZB die Aufsicht über die systemrelevanten Banken überträgt, steht die EZB vor einem gefährlichen Dilemma: Entweder muss sie die Wahrheit sagen, nämlich dass viele Banken insolvent sind (was eine neuerliche Panik an den Finanzmärkten auslösen würde, weil alle wissen, dass die Mitgliedstaaten ihre Banken nicht so rekapitalisieren können, wie sie es sollten), oder sie muss die Augen vor der Unterfinanzierung der Banken verschließen, und damit höhlt sie die Glaubwürdigkeit ihrer frisch etablierten Kontrollmechanismen aus. Wir glauben, es wäre viel besser gewesen, wenn die Bankenunion nicht zustande gekommen wäre, als sie auf wackligen Fundamenten zu errichten, die die Glaubwürdigkeit der EZB untergraben.

2 Ein Beispiel: Nehmen wir an, ein Mitgliedstaat hat Schulden in Höhe von 90 Prozent des BIP, und die belaufen sich auf, sagen wir, 300 Milliarden Euro. Nach dem Vertrag von Maastricht dürfen die Schulden nur 60 Prozent des BIP betragen. Der Anteil der tatsächlichen Schulden, der als MKS gilt, beträgt demnach zwei Drittel. Das bedeutet, dass 200 Milliarden der insgesamt 300 Milliarden Euro MKS sind, die übrigen 100 Milliarden nicht.

3 Wenn eine Anleihe mit einem Wert von, sagen wir, 1 Milliarde Euro fällig wird, werden zwei Drittel davon (667 Millionen Euro) von der EZB bezahlt (getilgt) mit Geld, das sie (die EZB selbst) sich durch die Ausgabe von EZB-Anleihen auf den Finanzmärkten beschafft hat.

4 Die Debitkonten können nicht als Sicherheit für Kredite oder Derivate eingesetzt werden.

5 In Artikel 20 des Vertrags über die Europäische Union heißt es: »Eine Verstärkte Zusammenarbeit ist darauf ausgerichtet, die Verwirklichung der Ziele der Union zu fördern, ihre Interessen zu schützen und ihren Integrationsprozess zu stärken. Sie steht allen Mitgliedstaaten nach Artikel 328 des Vertrags über die Arbeitsweise der Europäischen Union jederzeit offen. Der Beschluss über die Ermächtigung zu einer Verstärkten Zusammenarbeit wird vom Rat als letztes Mittel erlassen, wenn dieser feststellt, dass die mit dieser Zusammenarbeit angestrebten Ziele von der Union in ihrer Gesamtheit nicht innerhalb eines vertretbaren Zeitraums verwirklicht werden können, und sofern an der Zusammenarbeit mindestens neun Mitgliedstaaten beteiligt sind.« Vgl. auch die Artikel 326-334 des Vertrags über die Arbeitsweise der Europäischen Union (AEUV).

6 Mit dem Begriff *crowding-in* wird die Situation beschrieben, dass öffentliche Investitionen private Investitionen anlocken – zum Beispiel wenn der Bau einer Eisenbahnlinie die Wirtschaftstätigkeit in der Umgebung der Bahnhöfe anregt.

7 Der Multiplikator misst den BIP-Anstieg infolge einer Investition. Wenn eine Investition von 10 Euro das BIP um 20 Euro steigen lässt, beträgt der Wert des Multiplikators 2.

8 Dazu zwei wichtige Quellen: Créel J., P. Monperrus-Veroni und F. Saraceno (2007), *Has the Golden Rule of public finance made a difference in the United Kingdom?* OFCE Working Papers 2007-13, Paris: Observatoire Français des Conjonctures Économiques (im Internet abrufbar); sowie Créel, J., P. Hubert und F. Saraceno (2012), *Should the Stability and Growth Pact be strengthened?* OFCE-Blog, 29. Februar, Paris: Observatoire Français des Conjonctures Économiques (im Internet abrufbar).

9 Siehe dazu Créel, J., P. Monperrus-Veroni und F. Saraceno (2007), a.a.O.

ZUSAMMENFASSUNG

1 Ähnlich erging es 1990-1993 dem »Vorläufer« der Gemeinschaftswährung, dem Europäischen Wechselkursmechanismus (WKM): Er zerfiel, obwohl die politisch und wirtschaftlich Verantwortlichen ihn unbedingt erhalten wollten.

Yanis Varoufakis
Der globale Minotaurus

Amerika und die Zukunft der Weltwirtschaft

»Nur wenige wirtschaftswissenschaftliche Bücher sind so eloquent, bissig und verständlich geschrieben wie ›Der globale Minotaurus‹. Varoufakis präsentiert eine bemerkenswerte Interpretation globaler Finanzkrisen. Er geht zurück auf den Schwarzen Freitag von 1929, zeigt im Detail, wie die USA mit dem Bretton-Woods-System die weltweiten Einkommensunterschiede für sich nutzten, und er bietet mit dem ›Überschussrecycling‹ eine erste Lösung.«
MIRKO SMILJANIC, DEUTSCHLANDFUNK
»Ein Buch, das gelesen werden muss.«
INDIRA GURBAXANI, SÜDDEUTSCHE ZEITUNG

Aus dem Englischen von Ursel Schäfer, 288 Seiten, gebunden, Euro 19,95, ISBN 978-3-88897-754-1

VERLAG ANTJE
KUNSTMANN